公衆災害防止対策 有効事例集

「第三者への危害」など8つのテーマで紹介

建設労務安全研究会

労働新聞社

はじめに

　建設工事の多くは、公衆および周辺環境に少なからず影響を与えながら施工を行います。公衆災害防止対策要綱（国土交通省）には、公衆災害とは「第三者の生命、身体、財産等に対する危害および騒音、振動などの迷惑」と定義されています。具体的な事例で言えば工事関係者以外の死傷災害、第三者の所有する家屋、車両等の破損、公共交通機関の運行妨害、ガス・水道・電気・通信等の架空線や埋設物等の破損があり、社会インフラ等の事業活動を阻害することになれば周辺に与える影響範囲は大きく、場合によっては多大な社会的責任を負うことにより、会社経営をも揺るがしかねない事態に至ることになります。

　現場管理を行う上で、労働災害防止活動はもとより、公衆災害防止対策においても格段の配慮と対応が要求されるものであります。

　このように公衆災害防止の重要性を鑑み、この度、労研各社から様々な公衆災害防止対策事例を収集し、「公衆災害防止対策有効事例集」として発刊する運びになりました。

　「公衆災害防止対策有効事例集」を、建設現場における公衆災害防止に向けた対策の一助として活用して頂ければ幸いです。

建設労務安全研究会　理事長　本多敦郎
同　教育委員会　委員長　鳴重　裕
副委員長　寺田光宏

もくじ

主な公衆災害事例

【事例紹介】災害事例1　第三者への塗料飛散　……………………… 10

災害事例2　建築工事でアースドリルが倒壊　……………… 11

災害事例3　揚重中の吊り荷が落下して歩行者が被災　………… 12

災害事例4　外部足場から線路へアングル鋼材が落下　………… 13

災害事例5　フェンスバリケードが倒れて第三者が被災　………… 14

公衆災害防止対策有効事例

第三者に対する注意喚起………………………………………… 16

1　近隣に配慮した工事看板の設置　…………………………… 16

2　近隣並びに第三者への工事内容説明　……………………… 17

3　鉄道駅ホーム内作業における施設物の2重防護　………… 18

4　近接病院利用者への周知　…………………………………… 19

5　外国人対応の立入禁止表示　………………………………… 20

6　境界部分にオレンジネットを設置　………………………… 21

工事関係者に対する注意喚起　………………………………… 22

1　注意喚起による架空線事故防止　…………………………… 22

2　定められた基準を超える工事排水の流出防止　…………… 23

3　第三者災害（交通事故）防止のためのハザードマップの作成　……… 24

4　注意喚起標識の表示の改善　………………………………… 25

5　地下埋設物等の接触防止対策　……………………………… 26

6　ハザードマップ活用による大型工事関係車両の交通事故の防止　……… 27

7　冷蔵倉庫の火災防止　………………………………………… 28

8　地中埋設配管　損傷防止　…………………………………… 29

イメージアップ　………………………………………………… 30

1　カラーコーンの装飾による近隣コミュニケーションアップ　……… 30

2　仮囲いの敷地境界からの30cm後退と、植栽や絵画による環境美化　……… 31

3　作業帯と歩道の境にクリアパネルを設置　………………… 32

保護・養生 ……………………………………………………………………… 33

1 仮桟橋下の歩道に水滴除け ……………………………………………… 33

2 盛土工事における土砂飛散防止対策 …………………………………… 34

3 近隣への騒音・排出ガス防止対策 ……………………………………… 35

4 架替工事中の橋桁下遊歩道防護屋根の増設 …………………………… 36

5 台風時、外部足場メッシュシート取り外し後の資材等飛来落下防止養生について … 37

6 解体工事における解体材の飛散防止 …………………………………… 38

7 ゲート前の泥水を場外に出さない工夫 ………………………………… 39

8 周辺営農地への粉塵飛散防止対策 ……………………………………… 40

9 出入口ゲート支柱の突起物・突出部防護 ……………………………… 41

10 第三者とのぶつかり回避のための出入口防護 ………………………… 42

11 土質改良に伴う粉じん防止対策 ………………………………………… 43

12 防音パネルの台風対策 …………………………………………………… 44

13 超高層建物における外周飛散養生対策 ………………………………… 45

14 下水管更生工事における接合剤の臭気拡散防止 ……………………… 46

機械・器具 ……………………………………………………………………… 47

1 過積載防止のためのトラックスケールの設置 ………………………… 47

2 交通規制用ネオンサインを利用した旅客誘導 ………………………… 48

3 発生騒音・振動・粉塵の開示、場内への見える化 …………………… 49

4 音声ガイダンスで固定規制をより安全に ……………………………… 50

5 センサーを活用した高速道路との離隔の確保 ………………………… 51

6 ダンプアップによる架空線切断防止対策（ＰＴＯ連動パトライト） … 52

7 ダンプトラックの石噛み防止対策 ……………………………………… 53

8 ダンプトラックの防塵対策（ミスト噴霧機） ………………………… 54

9 簡易で強固な仮囲いの設置 ……………………………………………… 55

10 耐震補強後の防護パネル設置 …………………………………………… 56

11 ダンプアップによる架線切断事故の防止 ……………………………… 57

12 構造物撤去工の工法変更による騒音振動の低減について …………… 58

13 発破超低周波音消音装置（CG‐170002‐A）：第三者に対する騒音の低減… 59

14 水切削工法による試掘 …………………………………………………… 60

15 解体近傍作業による排水配管保持架台の設置 ………………………… 61

16 防音対策による近隣住民への工事騒音緩和計画 ……………………… 62

17 レーザーとパトライトを組み合わせたシステムによる架空線監視 …… 63

18	音により気付く高さ制限装置	64
19	マンション外壁補修工事における揚重作業時の第三者災害防止対策	65
20	場所打ち杭杭頭処理時の防音対策	66
21	線路近接工事における安全対策（離隔距離確保）	67
22	歩道を跨いだ資機材の安全な荷揚げ	68
23	シールドトンネル掘削に伴う異常出水時の湧水の処理方法	69
24	現場敷地内に立ち入った第三者（特に子供）への災害防止	70
25	高圧線近接クレーン作業での短絡防止	71

交通対策　72

1	市道屈曲部に隣接する万能鋼板塀の工夫	72
2	通行する車両・人を見える化し注意喚起するゲートセンサー	73
3	横断歩道部の照度確保による安全性の向上	74
4	工事用車両と病院利用者の接触事故防止のために、バリカーを設置	75
5	駐車場出入口の見通し向上	76
6	車両検知センサーと交通誘導員併用による車両誘導	77
7	安全標識と夜間照明を設置し一般船舶の安全航行を確保	78
8	黄色玉ブイで潜水作業区域を明示し一般船舶の侵入を防止	79
9	現場出入口への感知式スピーカー及び回転灯の設置	80
10	施工区域内の見通しの悪い道路へのカーブミラーの設置	81
11	順次移動する潜水作業区域を明示し一般船舶の侵入を防止	82
12	潜水作業中の明示	83
13	前面道路幅員確保とゲート左右の視界確保により交通災害防止	84
14	第三者の侵入と車両損傷防止のためのクッションドラムの設置	85
15	片側交互通行規制帯における仮停止線保安帯の工夫	86
16	急カーブによる交通災害及び騒音災害の防止	87
17	歩行者と自転車との接触防止	88
18	近隣道路　工事関係車両交通事故の防止	89
19	搬出入車両誘導時における歩行者等の交通事故防止	90
20	第三者車両と工事搬入出車両との交通事故防止対策	91
21	近隣に対する工事予告の工夫	92
22	工事用車両および工事関係者の工事占用への出入りの制限	93
23	注意喚起看板の設置による交通事故の防止	94
24	ゲート前横断部分の交通事故の防止	95

25 近隣車両入出庫時の視界確保 ……………………………………………… 96

26 現場事務所出口への左右確認看板設置による交通事故の防止 …………… 97

27 第三者接触事故の防止 ……………………………………………………… 98

28 出入口の視界確保による第三者事故の防止 ……………………………… 99

29 交差点の死角解消による交通事故・接触事故の防止 …………………… 100

30 万能板を敷地境界からセットバックしての通行人・一般車両との接触防止対策 … 101

31 仮囲いコーナー部の歩行者視認性の向上 ………………………………… 102

32 搬出車両による交通災害防止 ……………………………………………… 103

33 道路占用により歩行者通行帯確保のための歩道拡張 …………………… 104

34 現場乗り入れ歩道部養生鉄板の滑り止め対策改善 ……………………… 105

地域貢献 ……………………………………………………………………… 106

1 横断歩道前の事業敷地を歩道の一部として提供 ………………………… 106

2 防犯カメラの設置 …………………………………………………………… 107

3 歩行者・車いす通行者の転倒防止と利便性の向上 ……………………… 108

4 駅前をきれいにし隊活動 …………………………………………………… 109

5 LED 街灯設置 ………………………………………………………………… 110

6 ウエブカメラによる第三者災害の防止 …………………………………… 111

7 路上駐車車両による現場出入口の確保・改善 …………………………… 112

8 花壇設置 ……………………………………………………………………… 113

9 歩行者用通路の整備 ………………………………………………………… 114

10 路面清掃 …………………………………………………………………… 115

その他 ……………………………………………………………………………… 116

1 タワー式クローラークレーン管理規定 …………………………………… 116

2 施工区域内に存在する外灯用架空線の切り回し ………………………… 117

3 施設内工事での第三者の安全確保と騒音・粉塵の低減 ………………… 118

4 若手社員向け公衆災害防止用教育資料 …………………………………… 119

5 公衆災害チェックシートの活用と期中巡回によるフォロー …………… 120

6 協力会社の作業員への公衆災害に対する指導・教育 …………………… 121

7 排水処理設備の整備（リチャージウェル）……………………………… 122

本書編纂の主旨と構成内容

　"公衆災害" と聞くと、まず頭に思い浮かぶのは「交通事故」と「地下埋設物・架空線事故」だと思います。日建連では定期的に「交通事故」と「地下埋設物・架空線事故」の発生状況について調査されており、その調査結果を見ると長期的には緩やかな減少傾向にはありますが、これまで抜本的な対策事例等をまとめたものが示されていません。

　上記2点の公衆災害に限らず、現場では様々な公衆災害の要因を抱えながら施工を行っており、その対策も千差万別となっております。平成5年に国土交通省より「建設工事公衆災害防止対策要綱」が策定され、平成30年には建設工事の安全に関する意識の高まりや、建設技術の進展などの建設工事をとりまく状況の変化を踏まえた見直しを行うため、「建設工事公衆災害防止対策要綱の見直しに関する検討会」が設置されています。

　以上の動向を見据えながら、編纂された本書では、最初に主な公衆災害事例を紹介。次に、メインテーマである同災害の防止対策有効事例を「第三者に対する注意喚起」「工事関係者に対する注意喚起」「イメージアップ」「保護・養生」「機械・器具」「交通対策」「地域貢献」「その他」の8つに分け、様々な状況で想定される公衆災害に対策・対応しやすくまとめています。

　また、各事例は国土交通省の見直し検討会の方向性である
　・公衆災害防止に向けて関係者が持つべき理念と担うべき責務を明確化する
　・近年の公衆災害の発生状況をふまえて必要な事項を見直す
　・制度の改正や施工技術の進展等をふまえて必要な事項を見直す
を考慮したものです。これらを施工者の立場でご理解のうえ、他社の事例を参考にしつつ、自社の公衆災害防止の取り組みにお役立て頂ければと思います。

　なお、本書に掲載される事例を活用される建設工事では、利用者の責任において、安全第一、法令遵守、各種権利の保護をもって利用されるようお願いいたします。

主な公衆災害事例

【災害事例紹介】

災害事例1　第三者への塗料飛散

(発生状況)

　外壁塗装作業中、外部足場に設置してあるメッシュシートのジョイント部分を抜けて塗料が飛散し、下部足場付近にいた第三者に付着した。

　外部足場下部（施工敷地外）には喫煙所があり、第三者が通行するだけでなく、一定時間立ち止まることが常態化していた。

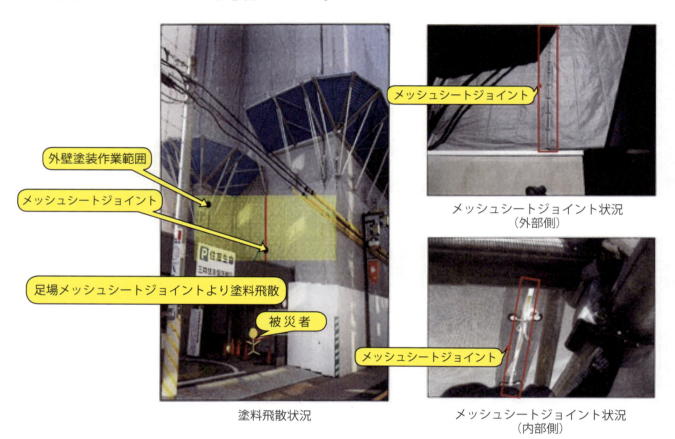

(気付きのポイント)

①仮設シートに依存せず、作業位置によっては追加で養生を施し外部への飛散可能性を極力抑える。

②作業範囲における危険や事故の可能性を作業前に改めて確認し、設置物の移設や誘導員・監視員の配置や人払い等を行い事故の可能性を防ぐ。

| 災害事例2 | 建築工事でアースドリルが倒壊 |

（発生状況）

　マンション新築工事現場の基礎工事において、杭穴に建て込んだ重さ10.5tのケーシングをアースドリルで引き抜くに際し、当該アースドリルの最大使用荷重を超えた結果、アースドリルが転倒し、アースドリルの運転手が負傷するとともに歩行者2名が死傷し、隣接する国道を通行していたトラックの搭乗者3名が負傷した。

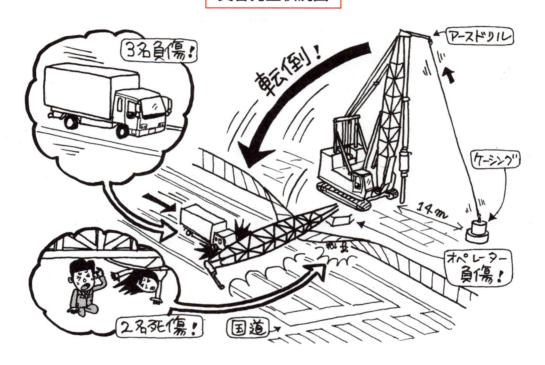

災害発生状況図

（気付きのポイント）

①相番機の使用あるいは過負荷防止装置を具備した補巻クレーン機能による安全作業の厳守。
②適正な重機作業計画（車両系建設機械・移動式クレーン）の作成および関係作業員への周知。
③リスクの高い重機作業における現地立会いの実施および施工状況の把握を的確な安全指示。
④事前検討会への専門業者参画および作業計画作成等についての指導支援。
⑤公衆災害防止を取り込んだ効果的なリスクアセスメントの実施。
⑥事前評価におけるベテラン（同種工事施工の経験者等）の積極的参画。
⑦資格者等の現場入場に係る新たな教育用件の付与。
⑧現場監督力と危険予知能力の育成強化。
⑨重機オペレーター等の有資格確認のみならず、運転適正の把握。

災害事例3　揚重中の吊り荷が落下して歩行者が被災

（発生状況）

　工事現場の前面道路に停車させた搬入車両より、上階で使用予定のECP（押出成型セメント板）の揚重作業を共同作業者4人で行っていた。

　1梱包は5枚（約81kg）で3段積み重ねられたECPの内1段目を揚重した。その後、揚重回数を減らすため残り2段を同時に揚重した際、地上16m程度吊り上げたとき、ECPが滑って落下して荷台に残っていたECPに激突し、砕けた破片がトラック側方の歩行者通行帯に崩れ落ちて歩行中の第三者が被災した。

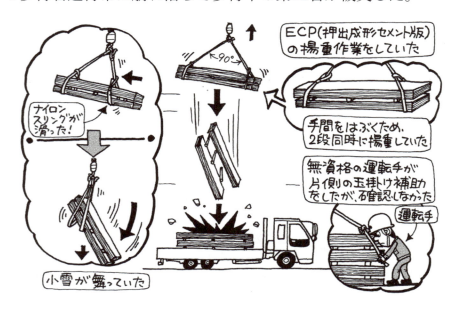

（気付きのポイント）

①雨天や雪で滑る恐れのある吊り荷は、吊り上げ前に再検討を行う。
②人が通るときは、吊り荷を揚重しない。
③道路際や歩道際での揚重作業を行う際は、必要に応じて監視員を配置する。

災害事例4　外部足場から線路へアングル鋼材が落下

（発生状況）

　　屋上での解体作業中の二次協力会社の職長が、看板用下地鉄骨のアングルブレースを切断後、屋上にいる同僚作業員に手渡ししようと傾けたときに手を滑らせ、アングルがシートのジョイントの隙間から落下した。アングル材の受け渡しは当初3人で行う手順であったが、2人しか手配できず中間受け渡しの作業員が配置できなかった。

　　手配できた作業員の内1人は新規入場日初日で、経験1カ月の作業員であったため、作業所の状況が分かっていなかった。

　　一次会社の職長は屋上で別の作業をしていたが、1階に下りて線路内を見ると、L型アングル65×65×5　長さ＝4.27m（21.35kg）が落ちていた。

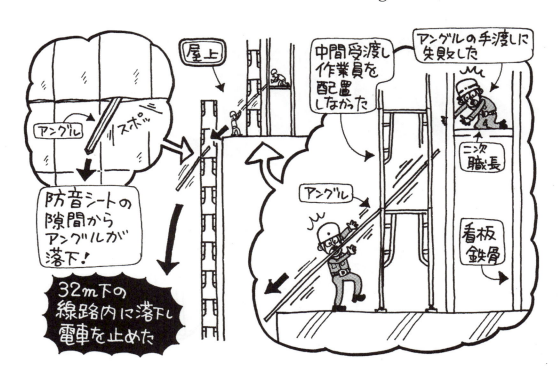

（気付きのポイント）

①現地ＫＹなどの場では、高所での作業を念頭に周辺養生足場や作業環境を点検しておく。

②作業手順が変わる場合は、元請社員へ必ず報告し、了解を得てから作業を行う。

③長物・重量物の取り扱いは、取り扱う本人にヒアリングして、注意点を事前に確認する。

④新規入場者に対して作業前に作業内容、作業場所での危険重点ポイントを理解させる。

| 災害事例5 | フェンスバリケードが倒れて第三者が被災 |

(発生状況)

病院内の増築ロータリーの車寄せに設置したフェンスバリケード（H＝1.8m、延20枚）が突風で倒れ、通行中の男性（83歳）に倒れかかり右手と右足を骨折した。

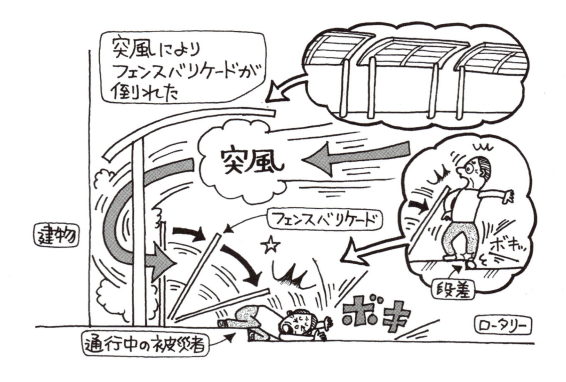

(気付きのポイント)
①フェンスバリケードは自立しないということを意識する。
②フェンスバリケードの転倒防止について、作業員全員が意識したか確認する。

公衆災害防止
対策有効事例

第三者に対する注意喚起

項目	第三者に対する注意喚起	番号	1
タイトル	近隣に配慮した工事看板の設置		
動機および改善前の状況	着工当初より搬出入車両により、近隣より苦情等が多く、既製品の〔ご近隣の皆様へ〕看板作業予定記載だけでは不十分で、もっと近隣への配慮という面からもご理解していただくような方法を検討した。		
改善効果（ねらい）	〔見える化〕を取り入れ、子供達にもわかるように漢字ではなく「ひらがな」にて、【おと・ゆれ・におい・ほこり・くるま】を記載し、各項目の多い・少ないを文字ではなく【絵】にて表示した。		
改善・実施事項	近隣ならびに施主にも非常にわかりやすいと好評であった。		
活動内容改善事項の図・写真等			

項目	第三者に対する注意喚起	番号	2
タイトル	近隣並びに第三者への工事内容説明		
動機および 改善前の状況	従来の手書きおよび既製のマグネットでのお知らせ看板を設置していたが、週初めの書き忘れ、接触等による記入内容の消去、既製マグネットの脱落等、夜間を含め日々の維持管理に問題があった。		
改善効果 （ねらい）	電光掲示することにより、工事内容が見やすく、わかりやすくなり、事前に作業内容について登録ができるため、タイムリーに掲示することができる。		
改善・実施事項	従来のお知らせ看板を設置せず、電子掲示板による「見える化」を導入した。		
活動内容 改善事項の 図・写真等			

第三者に対する注意喚起

項目	第三者に対する注意喚起	番号	3
タイトル	鉄道駅ホーム内作業における施設物の２重防護		

動機および改善前の状況	鉄道駅構内における建設工事では、ホーム上の作業が多く、ホームには列車運行に必要なカメラ、ケーブル、モニター、照明、ホーム転落防止柵、看板、消防設備、広告などいろいろな設備があり、それぞれの管理者が異なる。終電から初電までの短時間で物理的防護を設置・撤去することは困難なため、注意喚起のみで対応していた。
改善効果（ねらい）	鉄道ホーム内の鉄道施設物は上空や壁際にあり、利用客の通行の邪魔にはならないが、工事中は長尺物、高さのある機械を扱うことが多く、接触の可能性が高い。また、取り扱う作業員の目線は作業箇所に向くため設備への注意力は薄れてしまい、注意喚起だけではヒューマンエラーは防げない。作業に邪魔にならない程度で設備への意識を維持できる防護方法を行うことにより、鉄道設備を防護できると考えた。
改善・実施事項	鉄道ホーム上の作業では、油断をすると鉄道設備に仮設材などが接触することがある。鉄道設備を意識させるため、明示をすることと監視員を配置することで２重防護に取り組んだ。 ①カラーコンや看板をホーム上に建てる方法。 ②直接設備から目線に入る高さにピンクリボンをぶら下げる。 ③重要度が高く接触頻度の高そうな場所では監視員を作業員とは別に配置。
活動内容改善事項の図・写真等	①カラーコンや看板をホーム上に建てる方法 　上空に乗降客を映すカメラがある。 例：折り畳み看板を設置して、作業員の目線を一旦カメラに向けさせ、持ち物が接触しないようにさせる ②直接設備から目線に入る高さにピンクリボンをぶら下げる 例：壁に取り付けてあるインターホン、上空にぶら下げてあるカメラ ピンクリボン 折り畳み看板と併用

項目	第三者に対する注意喚起	番号	4
タイトル	近接病院利用者への周知		
動機および改善前の状況	当作業所は病院の建替工事となっており、病院受付と工事車両出入口が隣接しており、病院利用者が間違えて工事エリアに進入し、工事車両との接触事故や工事関係者とのトラブルが懸念され、対策が必要であった。		
改善効果（ねらい）	病院利用者が、一目で病院受付と工事エリアへの立入禁止がわかるようになること。		
改善・実施事項	病院案内図付きの工事エリア看板を作成して、ゲート付近に設置した。看板設置により、迷い込まれる方や受付窓口への問い合わせが少なくなった。		
活動内容改善事項の図・写真等			

項目	第三者に対する注意喚起	番号	5
タイトル	外国人対応の立入禁止表示		
動機および改善前の状況	立入制限区域内での岸壁付属施設改良工事において、外国人が工事エリア内へ立ち入る恐れがあった。		
改善効果（ねらい）	外国人にも理解できる表示を行い、工事エリア内への第三者立入禁止措置を施す。		
改善・実施事項	現地は強風による飛散および損傷の恐れがあったため、風の影響を受けにくい移動式の単管バリケードに4か国語で立入禁止が書かれたテープ表示を施した。 区域全域に表示できることで、立入禁止エリアを明確にすることができた。外国人が理解できる表示としたことで、トラブルの発生もなかった。		
活動内容改善事項の図・写真等	 立入禁止テープ（4か国語）表示 		

項目	第三者に対する注意喚起	番号	6
タイトル	境界部分にオレンジネットを設置		
動機および改善前の状況	工事現場は農地が近接していて、工事現場に第三者が侵入する恐れがあった。		
改善効果（ねらい）	工事区域にオレンジネットを設置し、工事区域を明確にし第三者の侵入を防ぐ効果が得られる。		
改善・実施事項	工事着手前に工事境界部分にオレンジネットを設置した。		
活動内容改善事項の図・写真等			

工事関係者に対する注意喚起

項目	工事関係者に対する注意喚起	番号	1
タイトル	注意喚起による架空線事故防止		
動機および改善前の状況	工事場所は、下水ポンプ所の場内であり、場内の敷地を別件工事と共有し合って工事をしていた。当社施工箇所には架空線は無いが、別件工事使用箇所には架空線が存在するという状況下であった。別件工事が終了し、敷地内全箇所を使用出来るようになったとき、これまで架空線を気にすることなく作業していたため、架空線がある箇所で作業を行った際に架空線があるという意識が薄く、誘導員を配置していたにもかかわらず、架空線を切断してしまった。		
改善効果（ねらい）	誘導員の目線、オペの目線への注意旗、足元への注意喚起表示。また、レーザーバリアを設置し、パトライトと警告音を鳴らすことで、視覚と聴覚の両方で注意喚起し、事故を抑制する。		
改善・実施事項	足元への注意喚起表示、注意喚起旗、レーザーバリアの設置。		
活動内容改善事項の図・写真等			

項目	工事関係者に対する注意喚起	番号	2
タイトル	定められた基準を超える工事排水の流出防止		
動機および改善前の状況	近隣への環境対策および環境保全活動として、定められた基準を超える工事排水の流出を防ぐことを目的とした。		
改善効果（ねらい）	工事排水の現場外への流出ルートを図に示すことにより、どの時点で対策を行わなければならないかが明確になる。		
改善・実施事項	協力業者との打ち合わせ、新規入場時教育等で「排水系統図」を確認。		
活動内容改善事項の図・写真等	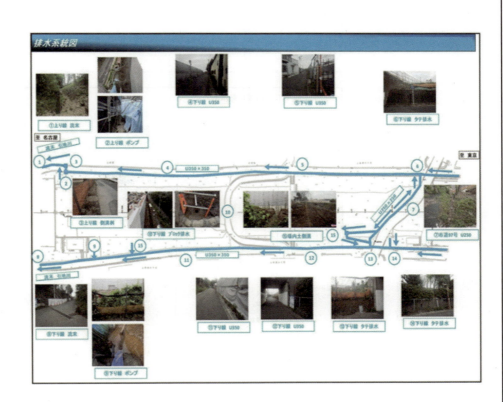		

項目	工事関係者に対する注意喚起	番号	3
タイトル	第三者災害（交通事故）防止のためのハザードマップの作成		
動機および 改善前の状況	国道から逸れ、道道を使用して現場へ向かうルート設定となっているが、一部道路幅が狭いうえ、小学生も通学路として使用しているので、第三者を巻き込んだ事故が懸念される。		
改善効果 （ねらい）	当該区間での走行速度の順守および小学生等児童への配慮した運転。		
改善・実施事項	新規入場時に、下記資料を使用し通勤および資材運搬時の注意事項を説明し全員へ周知を図るとともに、改めて速度注意および児童への配慮を求めている。		
活動内容 改善事項の 図・写真等			

項目	工事関係者に対する注意喚起	番号	4
タイトル	注意喚起標識の表示の改善		
動機および改善前の状況	営業中の駐車場の一部を工事用資機材の仮置きヤードとして使用しているが、駐車利用者が日本人だけでなく外国人もいるため、日本語の表示では対応しきれていなかった。		
改善効果（ねらい）	日本語に加え英語と中国語で標識を作成し、掲示を実施した。		
改善・実施事項	日本人以外の利用者にも分かりやすくなり、第三者災害防止に役立った。		
活動内容改善事項の図・写真等			

工事関係者に対する注意喚起

項目	工事関係者に対する注意喚起	番号	5
タイトル	地下埋設物等の接触防止対策		
動機および改善前の状況	本工事に関連する地下埋設物は雨水管、送電管路および交差点信号配線（架空線を工事のために覆工下へ移設）があり、特に送電管路、信号配線については重大な波及事故につながることとなる。		
改善効果（ねらい）	埋設物の明示看板などを設置するだけでなく、さらに視覚に訴えるため、送電管路近傍には感知式の赤色灯を設置した。また、信号配線にチューブライトを添えて設置し覆工下の暗い箇所でも識別できるようにした。		
改善・実施事項	現在、接触事故は発生していない。		
活動内容改善事項の図・写真等	赤色灯 覆工下へ配線 （信号配線＋ チューブライト）		

項目	工事関係者に対する注意喚起	番号	6
タイトル	ハザードマップ活用による大型工事関係車両の交通事故の防止		
動機および改善前の状況	当該工事場所は市内でも有数の繁華街であり、昼夜を問わず交通量も多く、また運行ルート上にそれぞれに違う桁下高さ制限のある鉄道高架橋が点在している。これらの箇所を大型工事関係車両を多数通行させなければならず、運転手に事前に配布し、危険箇所を周知徹底するために作成した。		
改善効果（ねらい）	運転手は予め危険な箇所を予測でき、高さ制限も写真で明示していることから、積荷の高さを制限値以下となるよう積み込みができる。また、色分けで各々の桁に列車運行に支障をきたすかどうかも判別可能となる。		
改善・実施事項	下記のハザードマップを作成し、地図上の①〜⑥までの6箇所を明示し、各々の箇所を写真入りで高さ制限と、列車運行に支障がある桁かどうかを視覚的にわかりやすく表示した。また、これを運転手に配布し、周知徹底した。		
活動内容改善事項の図・写真等			

搬入経路図（ハザードマップ）一部抜粋

項目	工事関係者に対する注意喚起	番号	7
タイトル	冷蔵倉庫の火災防止		
動機および 改善前の状況	冷蔵倉庫の新築現場では、可燃物のウレタン断熱材を大量に使用するため、火災防止の対策が必要であった。		
改善効果 （ねらい）	消防署を招いて火災防止勉強会を実施することにより正しい知識を作業員に教育し、火災防止を図った。		
改善・実施事項	火災防止勉強会の実施、大型消火器の設置。		
活動内容 改善事項の 図・写真等	大型消火器の設置 断熱材燃焼実験 消防署による勉強会と消火訓練		

項目	工事関係者に対する注意喚起	番号	8
タイトル	地中埋設配管　損傷防止		
動機および改善前の状況	インフラ損傷事故による社会に与える影響が大きくなった。		
改善効果（ねらい）	埋設物配管を見える化することにより、配管損傷リスクが低減される。		
改善・実施事項	埋設物調査重ね合わせ図の作成、表示、現地への埋設物表示、作業中の埋設物表示を行った。		
活動内容改善事項の図・写真等	 埋設物調査図　作成・掲示  埋設物　現地表示　 埋設物　現地表示  作業中埋設物　現地表示		

イメージアップ

項目	イメージアップ	番号	1
タイトル	カラーコーンの装飾による近隣コミュニケーションアップ		
動機および改善前の状況	工事による近隣の方からのクレームが、工事運営に大きなマイナスの影響を与える恐れがある。		
改善効果（ねらい）	工事現場周辺の閉鎖的な空間の印象を与えることから、少しでも気持ちを和ませる方策を考えた。		
改善・実施事項	季節に合わせた装飾をカラーコーンに行う。		
活動内容改善事項の図・写真等			

項目	イメージアップ	番号	2

タイトル	仮囲いの敷地境界からの 30cm 後退と、植栽や絵画による環境美化
動機および改善前の状況	着手前の近隣説明会において、通常でも幅が狭い歩道なのに、仮囲いが組み立てられると、行きかう通行者が衝突する可能性が高まるのと、仮囲いの距離が長い（約 150m）ので、圧迫感を感じるため、少しでも改善をしてほしいというかなり強い要望があった。
改善効果（ねらい）	近隣説明会の要望に対し、少しでも前向きに対応することにより、工事着手後の近隣からの苦情低減や、工事現場のイメージアップを図るため、対策を実施した。
改善・実施事項	仮囲いのラインを敷地境界から 30cm 後退させ、既設の歩道の幅を広げた。また、仮囲いのところどころに凹部を設け、植栽ゾーンを設置した。さらに、近隣の小中学校の生徒の絵を仮囲いに掲示し、イメージアップを図った。
活動内容改善事項の図・写真等	

近隣の小中学校生徒の絵を掲示

仮囲いを敷地境界から 30cm 後退

仮囲いの凹部に植栽ゾーンを設置

項目	イメージアップ	番号	3

タイトル	作業帯と歩道の境にクリアパネルを設置
動機および改善前の状況	近隣住民に対して十分配慮した作業を行っていることを理解してもらう必要がある。 　隣接住民より騒音の苦情があり、工事進捗に対し大きく影響する可能性がある。 　工事中のハイウォッシャー洗浄水が歩行者または隣接建物に飛散する可能性がある。
改善効果（ねらい）	作業内容の見える化を図り、近隣住民に対して十分配慮した作業を行っていることを理解してもらえる効果がある。 　工事騒音が直接近隣住民へ向かないようにする。 　工事中のハイウォッシャー洗浄水等が歩行者または隣接建物へ飛散することを防止できる。 　隣接建物内への採光が確保できる。 　歩道を常に明るくできる。
改善・実施事項	作業帯と歩道の境にクリアパネルを設置することにより、上記改善効果を得る。
活動内容改善事項の図・写真等	クリアパネル設置 クリアパネル設置 改善前 改善後

保護・養生

項目	保護・養生	番号	1
タイトル	仮桟橋下の歩道に水滴除け		
動機および改善前の状況	赤錆びた仮桟橋などの下を一般の方が通る歩道には「錆び汁」が落ちて服等を汚す恐れがある。		
改善効果（ねらい）	仮桟橋下の歩道に水滴が落ちないようにする。		
改善・実施事項	仮囲いパネルを養生屋根として使用して、仮桟橋からの水滴除けを行う。		
活動内容改善事項の図・写真等	 仮桟橋下歩道部に水滴除けのパネルを設置した状況		

項目	保護・養生	番号	2
タイトル	盛土工事における土砂飛散防止対策		
動機および改善前の状況	取り扱い土量が約 90,000 m^3 の盛土工事であり、好天が続くと土砂が乾いて飛散し、近隣住民へ迷惑がかかることが想定される現場だった。		
改善効果（ねらい）	対策工を実施するに当たり、物理的に土砂の飛散を防止するもの。		
改善・実施事項	盛土工事の進捗にあわせて土砂飛散防止シートを適宜敷設した。		
活動内容改善事項の図・写真等			

項目	保護・養生	番号	3
タイトル	近隣への騒音・排出ガス防止対策		
動機および改善前の状況	マンションに隣接している立坑があるため、風向き等により発動機の排気ガスや騒音により、住民へ迷惑を掛ける恐れがあった。		
改善効果（ねらい）	1．排気ガスの排出方向の制限 2．防音シートによる、吸音効果		
改善・実施事項	1．クレーン等の移動しない機械は、排気管を延長し排気ガスの排出位置(方向)を変え、マンション側へ流れづらいよう対策を行った。 2．小型の発動機は、防音シートにより囲いを設け、騒音の減少を図った。		
活動内容改善事項の図・写真等	 排出ガスへの対策 防音シート設置（コンプレッサー）		

項目	保護・養生	番号	4
タイトル	架替工事中の橋桁下遊歩道防護屋根の増設		
動機および改善前の状況	橋の架け替え工事で、河川敷の遊歩道に防護屋根が設計に盛り込まれていたが、設置範囲は、工事場所直近となる仮橋および作業構台の下のみであった。		
改善効果（ねらい）	より広い範囲への資材の飛散に対応する。		
改善・実施事項	屋根を掛ける範囲を広げた。また、側面に万能鋼板で壁を設置し、側面からの飛来物を防止した。		
活動内容改善事項の図・写真等			

項目	保護・養生	番号	5

タイトル	台風時、外部足場メッシュシート取り外し後の資材等飛来落下防止養生について

動機および改善前の状況	当該作業所は建設建物が近隣家屋に近接した位置にあり、台風の強風対策として、外部足場のメッシュシートを足場上部の1枚分を取り外し警戒していた。 　台風接近の暴風により、外部足場のメッシュシートが剥がれ始めたので、メッシュシートが飛散しないように紐を用いて足場に結束したが、強風により建物側から単管パイプが近隣家屋の屋根に落下し、屋根瓦を破損させた。 　この様な公衆災害を再発させないため、台風警戒時には公衆災害の恐れがある箇所について、予めメッシュシートを取り外し足場倒壊に備えると同時に、工事資材の飛散落下を防止するために、垂直ネットを取り付けることにした。

改善効果（ねらい）	メッシュシートをめくることにより外部足場倒壊事故に備えるが、建物側から資材等の飛散リスクが発生するため、予め垂直ネットを取り付けることにより、近隣への資材の飛散を防止することができる。

改善・実施事項	公衆災害の恐れのある外部足場メッシュシートを取り外した箇所は15mm目垂直ネットを張る。

活動内容改善事項の図・写真等	 15mm目垂直ネット張り範囲

保護・養生

項目	保護・養生	番号	6
タイトル	解体工事における解体材の飛散防止		
動機および改善前の状況	解体工事は重機を用いての作業となるため、作業計画において重機同士、重機と作業員の接触防止に留意することは勿論であるが、過去には解体中に解体材やボルトが外部足場を越えて、外部へ飛び出す事故が発生していることから、解体材の飛散防止措置も重要となった。		
改善効果（ねらい）	解体中に建物外部へ解体材が飛散することを防止する。		
改善・実施事項	外部足場から建物内側へ「忍び返し」形状の枠を取り付け、その枠にネットを張り、解体材の飛散を防止した。		
活動内容改善事項の図・写真等			

項目	保護・養生	番号	7
タイトル	ゲート前の泥水を場外に出さない工夫		
動機および改善前の状況	ゲート付近は場外に向けての勾配が多く、タイヤ洗浄等の洗い水が場外に出て、歩道や車道を汚してしまう。		
改善効果（ねらい）	ゲート前に排水溝を設置する。ゲートに平行してＣ型鋼で排水溝を作り、端部に集水枡を設置して外部への流出を防ぐ。		
改善・実施事項	場内で洗い水等の流出を抑え、溝端部の集水枡で処理できた。		
活動内容改善事項の図・写真等			

保護・養生

項目	保護・養生	番号	8

タイトル	周辺営農地への粉塵飛散防止対策

動機および改善前の状況	仮置き土の法面における強風による粉塵飛散防止および降雨による土砂流失防止は、周辺営農地（キャベツ畑）への影響を防止するうえで重要となる。 　従来は、ブルーシートによる養生や飛砂防止剤吹付等による養生が一般的であったが、当現場は、渥美半島の沿岸部での施工であり、日々風が強く、また台風が通過しやすい地域のため、大雨が発生しやすいことから、ブルーシートでは簡単に飛ばされたり、大雨により飛砂防止剤が流される可能性が大きかった。
改善効果（ねらい）	最大雨量 100mm/ 時間でも浸食されず、98％の空隙率を持った不織布のため強風にもシートが飛ばされない等の特徴を持った多機能フイルターを使用することとした。また施工も不織布が主であるため非常に軽く、一人でも作業が容易にできるため作業効率が上がった。
改善・実施事項	仮置き土の法面および天端部分すべてを、養生シートで覆うことで、粉塵飛散防止（A=8000 m² 程度）を行った結果、現在まで台風や大雨による粉塵および土砂の流失は発生していないし、シートのめくれ等の手直しも発生していない。
活動内容改善事項の図・写真等	

項目	保護・養生	番号	9
タイトル	出入口ゲート支柱の突起物・突出部防護		
動機および改善前の状況	出入口ゲート設置に伴う支柱基礎の突起物・突出部に第三者への危険回避措置を検討した。		
改善効果（ねらい）	出入口ゲート支柱の突起物・突出部へ第三者が倒れ込んだときの大ケガ回避。		
改善・実施事項	突起箇所に防護のための緩衝材（アンカーボルト部にキャップ設置、コンクリート基礎の角・辺箇所に厚みのある緩衝材設置）を設置した。		
活動内容 改善事項の図・写真等			

項目	保護・養生	番号	10
タイトル	第三者とのぶつかり回避のための出入口防護		
動機および 改善前の状況	仮囲いは公道に面して敷地いっぱいに設置されることが多いため、人員の出入り時の飛び出しがあった場合、第三者と「ぶつかり」ケガを負わせる危険性があるため、その回避措置を検討した。		
改善効果 （ねらい）	飛び出しによる第三者との「ぶつかり」回避		
改善・実施事項	出入り口を仮囲いと同一面上に設置することをやめ、75㎝〜1ｍ程度内側に引っ込めて設置することで、扉を開けて出るときの第三者との「ぶつかり」を回避するようにした。		
活動内容 改善事項の 図・写真等			

項目	保護・養生	番号	11
タイトル	土質改良に伴う粉じん防止対策		
動機および改善前の状況	大規模造成工事において盛土材の土質改良に石灰を使用したため、敷地近接住居等への風による石灰等の飛散を防止する必要があった。		
改善効果（ねらい）	土質の石灰安定改良箇所に防じんネットを設置することにより、石灰等の飛散抑制を図った。		
改善・実施事項	単管パイプに防じんネット貼付枠を設け、ネットの高さ３m、延長300mにわたり防じんネットによる飛散防止用の養生柵を設置した。		
活動内容改善事項の図・写真等	設置箇所全景 単管パイプ φ48.6　L＝3.0m 防塵ネット 単管パイプ φ48.6　L＝2.5m 単管パイプの交点はクランプにて緊縛する 打込み単管（@2000） φ48.6　L＝1.0m 設置箇所近景		

保護・養生

43

項目	保護・養生	番号	12

タイトル	防音パネルの台風対策
動機および改善前の状況	防音パネルを設置した外部足場は、強風の影響を大きく受けるため、十分な補強対策を行わなければならず、もし万が一倒壊災害が発生した場合は、近隣、前面道路への崩落およびインフラの切断等、社会的に影響の大きい公衆災害となる可能性が高い。
改善効果（ねらい）	外部足場の防音パネルに外部への落下、飛散防止のため、垂直ネット張りを標準とした。 　また台風等、事前に強風が予測される場合の対策として、風の影響を低減するため、防音パネルの一部を撤去、間引きした。
改善・実施事項	外部足場の防音パネル設置部：全面に垂直ネット張り。 　解体躯体上部から跳ね出し部：最上段3段目の防音パネル撤去。 　隅角部、中間部：枠組4スパン×1段分の撤去を行い台風等の強風の抜け道を設けた。
活動内容改善事項の図・写真等	解体躯体から上部へ跳ね出し部の防音パネルを撤去、間引き 風の抜け道　風の抜け道 防音パネル＋前面垂直ネット 風の抜け道

項目	保護・養生	番号	13
タイトル	超高層建物における外周飛散養生対策		
動機および改善前の状況	100 mを超える超高層建物の工事では、施工段階ごとに外部への飛散を防止する外周垂直養生ネットの盛替えが発生する。事前に養生盛替えステップの検証が不十分だと短期間でも垂直養生が設置されていない状態になる可能性があり、外部への資材飛散リスクが高まり重大な公衆災害につながる。		
改善効果（ねらい）	外部飛散による公衆災害発生ゼロ		
改善・実施事項	施工ステップごとに必ず垂直養生ネットが設置されている状態を維持できる盛替えステップを確立した。		
活動内容改善事項の図・写真等			

保護・養生

項目	保護・養生	番号	14
タイトル	下水管更生工事における接合剤の臭気拡散防止		
動機および改善前の状況	下水管の更生工事において本管異径部分の処理などに樹脂系の接合剤を使用していたが、沿道より臭気の苦情が懸念された。		
改善効果（ねらい）	管内施工箇所での使用剤から発生する臭気の路上への拡散を防止する。		
改善・実施事項	施工する本管より取り付け管で繋がっている排水側溝のグレーチング等開口部をシートで覆い、一時的に養生テープで留め閉塞した。		
活動内容改善事項の図・写真等			

機 械 ・ 器 具

項目	機械・器具	番号	1
タイトル	過積載防止のためのトラックスケールの設置		
動機および改善前の状況	荷台枠の高さを目安に積み込みを行うと、土質条件による比重変化に伴う過積載が生じる可能性がある。		
改善効果（ねらい）	土砂運搬ダンプの積載量をトラックスケールで確認し、過積載を防止する。		
改善・実施事項	土砂はダンプの荷台枠の高さを目安に積み込みを行うが、土質条件により比重に変化があるため、トラックスケールで積載量を確認し、過積載の場合は戻って積荷を減らすようにルールを決め周知を行った。トラックスケールでの過積載防止を行うことにより、運転操作の低下による交通事故や道路施設等への損傷の減少およびダンプ車体への負担を減らし、騒音・排気ガスの増大を抑えることにより環境負荷の低減につながる。		
活動内容改善事項の図・写真等			

STOP!!

総重量を確認！！
積載荷重＋ダンプ重量

項目	機械・器具	番号	2

タイトル	交通規制用ネオンサインを利用した旅客誘導

動機および 改善前の状況	バス停が工事で支障となることから、80 m程度離れた場所へ移設したが、利用者から目立ちにくい場所なので視認性が悪くなった。

改善効果 （ねらい）	交通規制用ネオンサインを利用し、視認性をよくする。

改善・実施事項	交通規制用のネオンサインの文字入力機能を利用し、旅客誘導を行ったところ、元々が交通規制用であるため、とても視認性がよく、利用者に良い目印となっている。

活動内容 改善事項の 図・写真等	交通規制用ネオンサインを利用した旅客誘導 工事に支障となることから、駅入口より80m程度離れた場所へ、バス停を移設した。利用者から視認しにくい場所となったことから、工事用ネオンサインの文字入力機能を利用し、「バス停はこちら BusStop」とネオンを流して旅客誘導を行っている。交通規制用で視認も良好であるため、良い目印になっている。

項目	機械・器具	番号	3
タイトル	発生騒音・振動・粉塵の開示、場内への見える化		
動機および 改善前の状況	近隣家屋等が多い場所での大規模工事のため、騒音・振動・粉塵に関する苦情発生が懸念された。		
改善効果 （ねらい）	発生している騒音・振動・粉塵を常時開示することにより、周辺住民に対する理解が得られる。現場作業者が常時把握することで、作業状態の改善が図れる。		
改善・実施事項	工事周辺に常時測定している騒音・振動・粉塵値を掲示した。現場場内も同一値を見える化し、作業状態による発生値を認識させた。		
活動内容 改善事項の 図・写真等	近隣への計測値掲示 現場場内への見える化		

機械・器具

49

項目	機械・器具	番号	4
タイトル	音声ガイダンスで固定規制をより安全に		
動機および 改善前の状況	固定規制により歩道を封鎖する事となった。 　地元説明会を実施した際、目の不自由な方も通行するので、配慮して欲しいとの意見が挙がったことから対策を講じた。		
改善効果 （ねらい）	目の不自由な方に音声により迂回案内を行うことで、迷うことなくスムーズに迂回していただく。		
改善・実施事項	センサー付きのスピーカーを設置し、人が近付くと音声により迂回案内が流れるようにした。 　優しい女性の声でアナウンスすることで印象を良くし、安全に通行してもらえるようにした。		
活動内容 改善事項の 図・写真等			

項目	機械・器具	番号	5
タイトル	センサーを活用した高速道路との離隔の確保		
動機および改善前の状況	本工事は供用中の首都高に近接する河川橋の架替工事で、重機による資材等の搬出入が多くあり、首都高の高架橋損傷や資材の飛来落下による交通災害が懸念され、災害防止対策が必要であった。		
改善効果（ねらい）	現場内に設置したセンサーを活用して、供用中の首都高との離隔を確保し、公衆災害を低減・防止する。重機オペレータは離隔確保のための仰角75度の範囲を常に確認しながら作業を進めることができる。		
改善・実施事項	首都高との離隔を確保するため、現場内に離隔センサーを設置した。 　離隔センサーは仰角75度の範囲に物体が入った場合に反応し、パトランプが点灯するようにした。併せて、重機の運転席でブザーが鳴るように設定した。 　このことにより、首都高の運用に影響なく、工事を進めることができた。		
活動内容改善事項の図・写真等	現場状況　 離隔センサー設置 離隔センサー拡大写真　 オペレーター用離隔センサー		

機械・器具

項目	機械・器具	番号	6
タイトル	ダンプアップによる架空線切断防止対策（PTO 連動パトライト）		
動機および改善前の状況	自動車専用道路の道路改良工事において、発注者より物損公衆事故が多発し、その中で特にダンプトラックの荷台上げ走行による架空線切断事故が多く発生しているという注意喚起が通達された。当工事でも大量のダンプトラックを使用するので、架空線切断事故防止対策が必要であった。		
改善効果（ねらい）	ダンプアップするために運転席で PTO スイッチを押すと警告音が鳴るようになっているが、古い車体によってはこの警告音が鳴らないものもある。また、現場では周囲の重機の音により警報音が聞こえない場合もある。そこで、ダンプアップしていることを運転手に視覚でも伝えられるように、ダッシュボードにパトライトを設置した。		
改善・実施事項	当工事に入場する大型ダンプトラック全車に、この PTO スイッチに連動したパトライトを設置することにより、現在まで架空線切断事故を防止出来ている。		
活動内容改善事項の図・写真等			

52

項目	機械・器具	番号	7
タイトル	ダンプトラックの石噛み防止対策		

動機および 改善前の状況	自動車専用道路の道路改良工事において、ダンプトラックによる残土運搬で公道を走行することが多い。現場内でダンプトラックのタイヤに石や泥が挟まり、公道を走行中にタイヤ間から後方に石等を飛ばす恐れがあった。
改善効果 （ねらい）	ダンプトラックのリアタイヤの間に、ゴム製のタイヤリング（石噛み防止ベルト）を装着し、石や泥が挟まらないようにした。
改善・実施事項	当工事に入場する大型ダンプトラック全車に、この石噛み防止ベルトを装着することにより、現在まで飛石等による公衆災害を防止出来ている。
活動内容 改善事項の 図・写真等	石噛み防止ベルト

機械・器具

項目	機械・器具	番号	8
タイトル	ダンプトラックの防塵対策（ミスト噴霧機）		
動機および 改善前の状況	自動車専用道路の道路改良工事において、ダンプトラックによる残土運搬を行うが、公道の汚損防止および防塵対策として乾式タイヤ洗浄機（スパッツ）を使用していた。好天が続きタイヤに付着した泥が乾燥すると、スパッツによる泥落しで粉塵が舞い上がることがある。周辺には住宅や畑があり、新たな防塵対策が必要となった。		
改善効果 （ねらい）	スパッツによる泥落しは継続しなくてはならないため、このスパッツにより舞い上がる粉塵を防止するため、ミスト噴霧機（ダストファイター）を設置した。		
改善・実施事項	ミスト噴霧機を設置することにより、スパッツによる粉塵を防止することが出来た。		
活動内容 改善事項の 図・写真等			

項目	機械・器具	番号	9
タイトル	簡易で強固な仮囲いの設置		
動機及び改善前の状況	鉄道工事での作業時間の制約や、持込み資材の軽量化の検討が必要であった。日々の設置・撤去が容易に行える構造でありながら、万が一乗降客・駅務員等が誤接触しても耐えうる十分な強度確保が必要であった。		
改善効果（ねらい）	軽量で搬入・加工が容易であるアルミ樹脂複合版を使用することにより養生の簡素化を図り、尚且つ強度の確保も可能とした。		
改善・実施事項	柱の仮囲いをアルミ樹脂複合版＋軽鉄材で現地加工製作した。		
活動内容改善事項の図・写真等	 作業時は前面パネルのみを撤去で可能とした。 		

項目	機械・器具	番号	10
タイトル	耐震補強後の防護パネル設置		
動機および改善前の状況	高架橋柱耐震補強施工後に工法的に柱面よりボルト部の飛出し部分が発生した。第三者の往来があるため、対人防護の必要性があった。		
改善効果（ねらい）	突出したボルトを覆うことにより対人・対車両への防護を行うことが出来る。		
改善・実施事項	柱ボルト突出箇所に化粧鋼板パネルを製作し設置した。		
活動内容改善事項の図・写真等	養生前 養生後		

項目	機械・器具	番号	11
タイトル	ダンプアップによる架線切断事故の防止		
動機および改善前の状況	ダンプがベッセルをダンプアップした状態のまま走行を開始し、公道上の架線を切断した。		
改善効果（ねらい）	運転席に乗ったままで、ダンプアップの状態であることを把握できる。		
改善・実施事項	ダンプアップ時は運転席に設置された機器により、警報音とともにLED照明による赤色の点滅で荷台の状況を運転手に伝える。		
活動内容改善事項の図・写真等			
機械・器具		番号	11

項目	機械・器具	番号	12

タイトル	構造物撤去工の工法変更による騒音振動の低減について

動機および改善前の状況	設計では既設構造物を大型ブレーカで取り壊す計画となっていた。しかし、実際は施工箇所から民家までの距離が近く（約30m）、近隣民家への騒音振動の影響が懸念された。

改善効果（ねらい）	大型ブレーカによる取り壊しから、ワイヤーソーイング工法併用撤去工法に変更することで、取り壊しの騒音振動の低減を図った。

改善・実施事項	設計変更協議をおこない、既設構造物の取り壊しを大型ブレーカからワイヤーソーイング工法併用撤去工法に変更した。 　ワイヤーソーイング工法により切断した大型コンクリート塊は、70tラフタークレーンで吊り上げ、仮設ヤード内に設置した防音壁ヤード内で小割し、運搬した。 　取り壊し時の騒音振動を大幅に低減できたことで、地元住民への影響を最小限にすることができた。

活動内容改善事項の図・写真等	改善後 改善前

項目	機械・器具	番号	13

タイトル	発破超低周波音消音装置（CG−170002−A）：第三者に対する騒音の低減
動機および改善前の状況	・トンネル発破によって発生する超低周波音を制御 ・20Hz 以下の超低周波音は、窓ガラスや建具などのがたつき現象を引き起こし、発破音に対する苦情の主要な原因。
改善効果（ねらい）	・TBI レゾネータは共鳴現象を利用することにより、超低周波音の効果的な消音を実現。 ・レールを利用した可動式構造とすることで、消音効果が最大となるよう現場での設置位置を自在に調整が可能。
改善・実施事項	○測定結果 　・坑口から 5 m 地点の音圧レベルを計測した結果、4 Hz 付近で約 6 dB、6 Hz 付近で約 13dB、8 Hz 付近で約 12dB の消音効果を確認した。 ○ TBI 防音扉との組み合せで発破音を大きく低減することが可能。
活動内容改善事項の図・写真等	 遮音性能実測結果

項目	機械・器具	番号	14
タイトル	水切削工法による試掘		

動機および改善前の状況	本体工事のシールド管きょ路線部では、支障物（残置土留杭）確認のため、磁気探査調査ボーリング削孔が必要であった。そして、ボーリング削孔箇所付近にはＮＴＴ管、東電人孔、水道管、首都高構造物があり、各埋設企業管理者からは、試掘およびガイド管の設置を要望された。 　また、埋設企業管理者から、人孔の一部の露出確認が要求され、試掘としては大規模（掘削長＝ 3.0 m、掘削幅＝ 1.5 m、掘削深さ＝ 3.15 m）になることが判明し、下記の懸案事項が問題となった。 ①掘削深さが大きく墜落・転落や土砂崩壊等の安全管理上リスクが大きい。 ②路盤等転圧の騒音により近隣から苦情が出る可能性が高くなる。 ③試掘としての掘削土量が多い（V ＝ 14 m³）ため、通常規模の試掘に比べ施工日数が多くなる。※１日の限られた施工時間内での施工が難しいため
改善効果 （ねらい）	試掘を行わずに水切削によりガイド管を設置する工法で関係埋設企業者と協議し、了承された。 　本工法は地下埋設物の位置を確認する試掘調査法で、開口面積を極力小さくしたコアチューブを埋設物の位置まで設置し、埋設管や支障物を目視・確認する方法である。掘削手法が、水力切削とバキューム吸引で行うことと、掘削作業の進捗に従ってコアチューブを圧入する方法であるために周辺地盤や構築物への影響と埋設物損傷の危険性が無い安全な探査方法である。
改善・実施事項	試掘した場合　　　　水切削の場合
活動内容 改善事項の 図・写真等	コアチューブ圧入水切削　　バキューム車による汚泥吸引 ≪水切削ガイド管設置工法の特徴≫ ・舗装版の解体・復旧を行わないため、振動・騒音・交通支障などの建設障害が試掘に比べて少ない。 ・舗装版の撤去部は円形Φ250mm の範囲で済む。 ・周辺地盤・構築物への影響と埋設物損傷の危険が無い。

項目	機械・器具	番号	15
タイトル	解体近傍作業による排水配管保持架台の設置		
動機および改善前の状況	解体予定範囲の近傍に埋設の排水配管があり、解体する擁壁の影響範囲に配管があったため、無対策の場合、破損の可能性があった。排水配管は常に使用中であった。		
改善効果（ねらい）	排水配管を保持する架台を設置し、排水配管を使用しながら、解体工事を進めた。		
改善・実施事項	排水配管を保持する架台を設置した。（下図参照）		
活動内容改善事項の図・写真等	配管落下防止措置図（断面） 解体範囲 設置状況（拡大）　　設置状況		

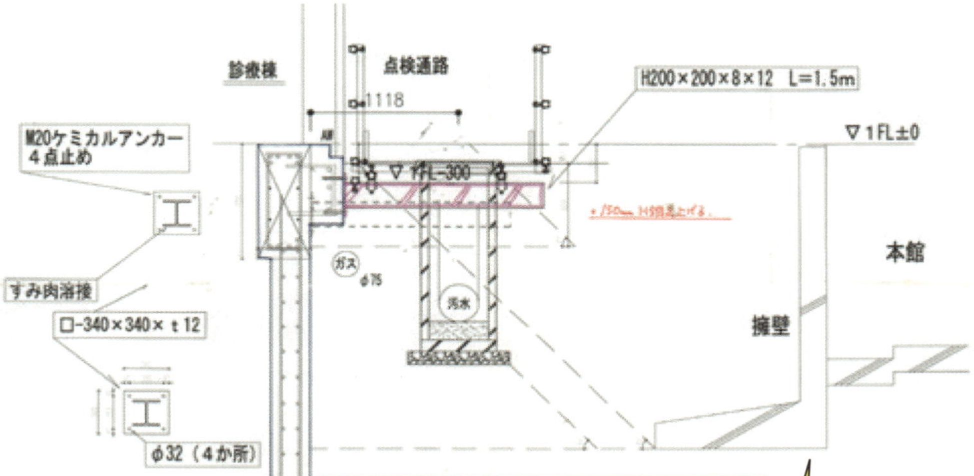

項目	機械・器具	番号	16
タイトル	防音対策による近隣住民への工事騒音緩和計画		
動機および改善前の状況	都内の住宅街の作業所において、近隣住民より重機騒音についての苦情、問い合わせがあった際には、作業の中断による対応など一時的な措置程度しかできていなかった。そのため、近隣住民の工事騒音による不快感を軽減し、安全・安心な生活を確保しつつ、建設事業を成功させるための対策を検討した。		
改善効果（ねらい）	建設騒音苦情の主原因である重機音を、外部に極力拡散させないように工夫し、工事期間内における近隣住民の生活環境の快適性を確保する。		
改善・実施事項	現場正面の住宅街に向けて仮囲いに防音マグネットシートを貼り付け、音響透過損失による遮音効果を高め、近隣住民への騒音の拡散を抑制した。 　さらに作業所内で削岩作業を行う際は、重機周囲に高機能吸遮音シートを設置し、仮囲い上部より拡散してしまう重機騒音を吸音、遮音効果により低減し、マンション上階への騒音対策とした。		
活動内容改善事項の図・写真等	防音マグネットシート 高機能吸遮音シート		

項目	機械・器具	番号	17
タイトル	レーザーとパトライトを組み合わせたシステムによる架空線監視		
動機および改善前の状況	工事エリア内に国道の仮橋が通っており、その欄干には高圧架空線が通っている。この直下を工事中、毎日多数のダンプや重機が走行するため、万が一あおりやブームを上げたまま走行し、桁や架空線を損傷すると重大な公衆災害となる。損傷防止対策として幟（のぼり）や三角旗による注意喚起では不十分と判断した。		
改善効果（ねらい）	ダンプの運転手に対して、「見える化」「聞こえる化」を併せて行い、十分に注意喚起することで事故防止を図る。		
改善・実施事項	レーザー（高さ感知、センサー）とパトライト等を組み合わせたシステムを導入。 高さを超える重機が通った場合センサーが反応し、パトライト・警報機・電光掲示板で運転手に知らせる仕組み		
活動内容改善事項の図・写真等			

項目	機械・器具	番号	18

タイトル	音により気付く高さ制限装置
動機および改善前の状況	ダンプトラックの荷台を上げた状態に気が付かず、一般道路に出る際の架空線損傷や交通事故等を防ぐために行った。また門構のみの対策の場合、門構に接触しても運転手が気が付かない場合を想定した。
改善効果（ねらい）	ダンプの運転手に対して、「見える化」「聞こえる化」を併せて行い、十分に注意喚起することで事故防止を図る。
改善・実施事項	高さ制限の注意喚起を目視と同時に、高さ制限を超えた場合は旗が切れ、尚かつ音により気付く２段構えの対策で、より一層の高さ制限を遵守できる効果がある。
活動内容 改善事項の 図・写真等	

三角旗

音により気付く高さ制限装置

音により気付く、高さ制限装置

三角旗のひもが切れると、ゴムで緊張してあった上の単管が下の単管に振り落ち音が鳴る

下の単管はゴムで吊っておき、上の単管が落ちると音が良く響くようにしておく

ゴムで緊張しておく

ゴムで吊っておく

項目	機械・器具	番号	19
タイトル	マンション外壁補修工事における揚重作業時の第三者災害防止対策		
動機および改善前の状況	共用中のマンション外壁の補修工事において、足場材の揚重時は吊り荷の落下の危険が予測される。 資材荷揚げ場所の直下に住民の自転車置き場と通路がある。		
改善効果（ねらい）	玉掛の不具合による落下を防止する。また、荷揚げ構台からの小物の落下を防止する。		
改善・実施事項	落下を防ぐために足場材が収まるよう縦長のラックを使用し、ラックはホイストで揚重する。 さらに、吊り荷が振れないようガイドレールを設け、構台に下部も含めてネットで養生する。		

共用中の自転車置き場 揚重用ホイスト

揚重用ホイスト

揚重用ラックと荷ぶれ防止のガイドレール

項目	機械・器具	番号	20

タイトル	場所打ち杭杭頭処理時の防音対策
動機および改善前の状況	工事施工場所から住宅地が近く、工事で発生する騒音により近隣住民からの苦情に繋がる恐れがあったため、騒音抑制措置を施す必要があった。
改善効果（ねらい）	ハンドブレーカーに防音カバーを取り付け、発生する騒音を抑制する。
改善・実施事項	場所打ち杭の杭頭処理時に使用するハンドブレーカーに「ハンドブレーカーの防音カバー」を取り付け、発生する騒音を抑制した。 　自主測定で最大騒音 68dB であり、規制値 80dB を超過せず施工を完了した。
活動内容改善事項の図・写真等	

杭頭処理状況

ハンドブレーカーの防音カバー「富士ZET」

騒音調査報告書

項目	機械・器具		番号	21
タイトル	線路近接工事における安全対策（離隔距離確保）			
動機および改善前の状況	護岸修復工事における鋼管矢板打設作業の一部が、鉄道営業線に近接しての作業となり、クレーン台船による鋼管矢板吊り込み時、鉄道営業線への接触等の恐れがあった。			
改善効果（ねらい）	鋼管矢板打設時に、鉄道会社との施工協議で取り決めた安全対策に加え、離隔確保のための対策を実施する。			
改善・実施事項	鋼管矢板打設時に、鉄道会社との施工協議にて取り決めた安全対策に追加して、自社開発の「GNSS（高感度 GPS）クレーン接近時警報システム」を採用した。　線路および列車とクレーンブーム先端の距離を常に一定以上に保つことが可能となり、安全に施工を完了できた。			
活動内容改善事項の図・写真等	鉄道営業線との近接工事（鋼管矢板打設）　GNSS 設置状況（旋回体）　GNSS 設置状況（ブーム先端）　クレーンブーム先端と鉄道営業線の離隔距離をオペレータ室に設置したモニター上にリアルタイム表示できる。　GNSS 設置状況（オペレータ室）　モニター画面（拡大）			

項目	機械・器具	番号	22
タイトル	歩道を跨いだ資機材の安全な荷揚げ		

動機および改善前の状況	歩道を跨いで資機材の荷揚げを揚重機を用いて行う場合に、誘導員が荷揚げ中に通行人を一旦止めて、通行を待ってもらい、荷揚げ後、通行してもらう。低層の建物では、可能であるが、実際高層になればなるほど通行人は待つことが出来ない。中には、ガードマンの制止を無視する通行人やそれを見て吊荷中に下を通して良いものか！と激怒する人もいて誘導員・監督員としては途方にくれる事もしばしばである。
改善効果（ねらい）	荷揚げに対し通行人の安全第一と恐怖感を除く
改善・実施事項	①歩行帯による安全な荷揚げ方法 ②歩道上構台を設置し荷揚作業と通行人を完全に分離する方法 ※①②とも所轄の道路管理者等の許可が条件 ※①②とも揚重機は建物屋上に設置してある事
活動内容改善事項の図・写真等	①歩行帯による安全な荷揚げ方法 ②歩道上構台を設置し荷揚作業と通行人を完全に分離する方法 歩道上構台

項目	機械・器具	番号	23
タイトル	シールドトンネル掘削に伴う異常出水時の湧水の処理方法		
動機および改善前の状況	当現場にて、シールド機テール部から湧水が推定400ℓ/分噴出した。その際、濁水処理設備から下水への排水が間に合わなかったため、湧水が濁水処理済みの水槽から溢れ、立坑横の歩道へ200ℓ程度溢れた。		
改善効果（ねらい）	急な地下水の出水時でも、下水の放流基準を遵守し、湧水を下水へ放流することを可能とする。 （放流基準　水素イオン濃度（PH）5を超え9未満 　　　　　　浮遊物質含有量（SS）66PPM以下）		
改善・実施事項	地上に10m³水槽を3槽並べ、順番に地下の湧水を通して、沈砂水槽とすることで下水の放流基準を守ることと予想外の水量への対策を行った。 また、PHについては、簡易測定器で計測し、硫酸バンドで調整を行った。 （測定結果については、毎日の点検記録を確実に残した。）		
活動内容改善事項の図・写真等			

機械・器具

項目	機械・器具	番号	24
タイトル	現場敷地内に立ち入った第三者（特に子供）への災害防止		
動機および改善前の状況	工事用の仮囲い（1m80cm）は敷地内に取り付けているが、近くには民家があり、万が一、作業終了後など第三者が立ち入り、災害が発生する恐れがあった。		
改善効果（ねらい）	防網による見える化で、危険箇所であることが周知でき、近くに寄っても墜落の可能性は低くなる。		
改善・実施事項	万が一に備え、墜落の危険がある立坑上部を防網で塞ぐ対策を取った。		
活動内容改善事項の図・写真等			

項目	機械・器具	番号	25
タイトル	高圧線近接クレーン作業での短絡防止		
動機および 改善前の状況	敷地内を高圧線が横断しており、クレーン旋回時の高圧線接触を防ぐために方策が必要であった。		
改善効果 （ねらい）	監視員による立哨監視とクレーンのリミット制御による旋回・起状規制およびレーザーバリアの設置により近接作業での安全度が増した。		
改善・実施事項	監視員による立哨監視とクレーンのリミット制御による旋回・起状規制およびレーザーバリアを設置した。		
活動内容 改善事項の 図・写真等			

機械・器具

71

交通対策

項目	交通対策	番号	1
タイトル	市道屈曲部に隣接する万能鋼板塀の工夫		
動機および改善前の状況	市道の屈曲部分を中心に、道路に沿って万能鋼板塀を設置すると見通しが悪く圧迫感を生じてしまう。施工途中でのクレームにより、万能鋼板塀の撤去や盛替えが生じる懸念があった。		
改善効果（ねらい）	屈曲点の左右10m程度を透明の塀に変更し、市道通行車両の安全確保と工事の見える化に配慮する。		
改善・実施事項	屈曲点の左右10m程度を透明の塀に変更し、市道通行車両の安全確保と工事の見える化に配慮したことによって、近隣からの苦情は無く、一般車両の安全通行が確保されている。		
活動内容改善事項の図・写真等			

項目	交通対策	番号	2
タイトル	通行する車両・人を見える化し注意喚起するゲートセンサー		
動機および改善前の状況	現場の出入り口が敷地角に面しており、下図右側（緑矢印）から来る車両・人が透明パネルを設けてはいるが、視認しにくい。ガードマンは配置しているが、運転手もガードマン任せではなく、自分で確認する必要がある。		
改善効果（ねらい）	ゲートセンサーを活用し、ゲート前で待機している運転手がゲート外の車両・人を確認できるようにする。		
改善・実施事項	通常ゲートセンサーは、敷地内にセットし、外部に向かってライトや音声で注意喚起を促すものである。しかし、それだと第三者のほうで気をつけてくださいというイメージが強い。当現場で取り付けたものは、仮囲いの外側にセンサー（①送信機）を取り付け、緑矢印方向に移動する車や人に反応したら②受信器に無線で飛ばして、ゲート前で待機している運転手に向けてライトが点滅する仕組みになっている。ライトが点滅している間は、発進してはいけないことが一目で分かるようになった。 　環境に対しても、昼間は曇りでも電源は太陽光パネルだけ動くので、コンセントを設置する必要もなくエコである。夜間は蓄電池がなく、ライトも反応しないので、近隣からのクレームの恐れもない。		
活動内容改善事項の図・写真等	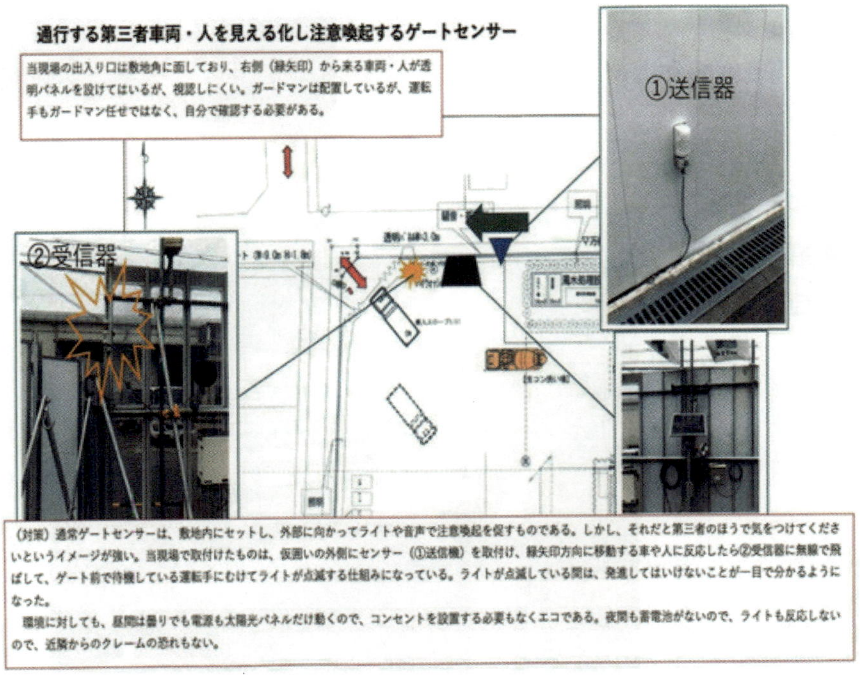		

項目	交通対策	番号	3
タイトル	横断歩道部の照度確保による安全性の向上		

動機および改善前の状況	交差点の横断歩道部を長期に渡り覆工し、工事を進めていく必要があったため、横断歩道利用者がより安全に通行するために何かできることがないか考えた。そこで、現地に車道用の道路照明こそあるものの、横断歩道の中央部付近は暗がりになっており、横断歩道利用者にとっては足元が暗く、車の運転手も視認性が悪いことに着目した。
改善効果（ねらい）	横断歩道の中央部が明るくなることで、利用者にとってより安全な通行が可能になる。 　また、車の運転手にとっても横断歩道部の視認性が向上することによって、通行者の有無や動向が認識しやすくなり、安全性の向上に繋がる。
改善・実施事項	横断歩道の中央部に夜間に点灯するセンサー式の照明を設置し、照度を確保した。また、作業帯の視認性向上を目的として外周部にチューブライトを整備し、第三者に注意喚起を行った。
活動内容改善事項の図・写真等	

項目	交通対策	番号	4

タイトル	工事用車両と病院利用者の接触事故防止のために、バリカーを設置

動機および改善前の状況	現場の最も東よりに設置したNo.4ゲートが、病院の工事中臨時出入口に近接しているため、道路通行車両や工事用車両と病院利用者の接触事故の可能性が着工当初より指摘されていた。ゲートの位置は着手前の説明により施主了解は得ている。工事着手後、病院利用者がゲート前の歩道切り下げ部分の開口部を通って道路の反対側へ横断する事例が絶えず発生し、道路通行車両との接触事故の可能性がさらに高まってしまった。なお、横断歩道は、写真の場所から50m以上歩かないとない。

改善効果（ねらい）	工事用車両が出入りしない時間帯は、ゲート前の切り下げ部分を封鎖することにより、病院利用者や歩行者が道路を横断することを防ぎ、道路通行車両との接触事故を防止する。

改善・実施事項	No.4ゲート前を、工事用車両がない時間帯は、写真のようにバリカーを設置し、道路を横断しようとする人と道路通行車両との接触事故の防止対策を実施した。

活動内容改善事項の図・写真等	

項目	交通対策	番号	5
タイトル	駐車場出入口の見通し向上		
動機および改善前の状況	通勤車、連絡車用の駐車場周辺は、道路幅が狭く、自転車の通行が多いため、車両出場時の第三者との接触事故が懸念された。		
改善効果（ねらい）	出口での車両からの視認性をよくすることで、事故防止を図る。		
改善・実施事項	駐車場出入口付近の仮囲いに隅切りを設け、さらに透明パネルとした。出入口にカーブミラーを設置した。夜間の視認性向上のため、照明を設置した。		
活動内容 改善事項の 図・写真等	 図1 写真①　　写真②		

項目	交通対策	番号	6
タイトル	車両検知センサーと交通誘導員併用による車両誘導		

動機および改善前の状況	国道227号線は一般車両の走行スピードが速く、出入口部は緩やかな曲線であり見通しが悪い。工事用道路出入口での交通災害の発生が懸念されるため、交通誘導の確実性を向上する必要があった。
改善効果（ねらい）	車両検知センサーの使用により、交通誘導員の誘導を補助するとともに、工事用車両および一般車両に注意喚起することで、交通災害および交通障害の発生を防止できる。
改善・実施事項	工事用道路出入口部を出る車両を検知し、一般車両に大型電光板で工事用車両の出入りを表示し注意喚起を行う。また、国道を走行する車両を検知し、音声、回転灯にて工事用車両運転手へ注意喚起した。
活動内容改善事項の図・写真等	

項目	交通対策	番号	7
タイトル	安全標識と夜間照明を設置し一般船舶の安全航行を確保		
動機および改善前の状況	本工事は河川での工事で、施工区域内には漁船・屋形船が通行する航路が設けられており、特に夜間航行時の衝突・接触事故が懸念されていた。 　そこで、施工区域内の航路を航行する漁船・屋形船の夜間航行の安全を確保するために、航路安全標識と夜間照明設備を設置することを計画した。		
改善効果（ねらい）	航路安全標識と夜間照明設備を設置することで、施工区域内の航路を航行する一般船舶の衝突・接触事故を低減・防止する。		
改善・実施事項	施工区域内の航路を明示する航路安全標識と夜間照明設備を設置した。このことにより、漁船・屋形船の衝突・接触事故を低減・防止し、夜間航行の安全を確保した。		
活動内容改善事項の図・写真等			

項目	交通対策	番号	8
タイトル	黄色玉ブイで潜水作業区域を明示し一般船舶の侵入を防止		
動機および改善前の状況	施工場所付近では、近隣のマリーナ利用船舶や周辺漁港の漁船等が多く航行しており、潜水作業区域への一般船舶の侵入防止のための対策が必要であった。		
改善効果（ねらい）	潜水作業区域を黄色玉ブイで明示することで、一般船舶の侵入による潜水士との接触災害を低減・防止する。		
改善・実施事項	施工場所付近では、近隣のマリーナ利用船舶や周辺漁港の漁船等が多く航行する。そこで、船舶の侵入防止のために、潜水作業区域表示として、黄色玉ブイをトラロープで2m間隔につなぎ、潜水作業区域の5m沖側に設置した。 　このことにより、一般船舶の侵入による潜水士との接触災害を防止することができた。		
活動内容改善事項の図・写真等			

明示ブイ

潜水作業エリア

ブイ設置前　　　　　　　　ブイ設置後

潜水作業区域明示ブイ（25m）　　　　潜水作業状況

交通対策

項目	交通対策	番号	9
タイトル	現場出入口への感知式スピーカーおよび回転灯の設置		
動機および改善前の状況	現場出入口は工事車両の出入りの際に一般車両、歩行者等との接触事故の危険性があり、接触事故の低減・防止対策を計画した。		
改善効果（ねらい）	工事車両の出入りの際に、一般車両、歩行者等に対してスピーカーと回転灯で注意喚起を行い、接触事故を低減・防止する。		
改善・実施事項	接触事故の低減・防止のために、出入口ゲート上に赤外線感知式のスピーカーと回転灯を設置し、車両出庫時に音と光によって、一般車両、歩行者等に注意喚起を行った。		
活動内容改善事項の図・写真等			

項目	交通対策	番号	10
タイトル	施工区域内の見通しの悪い道路へのカーブミラーの設置		
動機及び改善前の状況	本工事は自衛隊基地内での工事であった。 　施工区域内の道路において、見通しが悪く、死角の発生するカーブがあったので、衝突事故防止対策としてカーブミラーを設置することを計画した。		
改善効果（ねらい）	施工区域内の道路の見通しの悪い場所にカーブミラーを設置することで、通行する車両の視認性・安全性を向上させ、衝突事故を低減・防止する。		
改善・実施事項	施工区域内の道路の見通しの悪い場所にカーブミラーを設置した。通行車両の視認性・安全性が向上し、カーブでの死角が解消され、衝突事故を低減・防止することができた。		
活動内容改善事項の図・写真等			

死角

進行方向

カーブミラー設置前

カーブミラー

カーブミラー設置後

死角の解消

項目	交通対策	番号	11

タイトル	順次移動する潜水作業区域を明示し一般船舶の侵入を防止

動機および改善前の状況	本工事は、ヨットハーバー内クルーザーヤードにおける、係留ロープ固定用のシャックル取替工事であった。 　作業はハーバーの営業時間内に実施し、作業区域も移動するため、施設利用船舶と潜水士が接触する危険性が考えられた。 　そこで、施設利用船舶への注意を促すため、「潜水作業中」を明記したカラーコーンとのぼりを設置することを計画した。
改善効果（ねらい）	順次移動する潜水作業区域をカラーコーンとのぼりで明示することで、一般船舶の侵入による潜水士との接触災害を低減・防止する。
改善・実施事項	施設利用船舶と潜水士との接触を防止するため、「潜水作業中」を明記したラミネートをカラーコーンに貼り付け、船舶係留桟橋の入口や潜水作業エリア付近に設置した。 　さらに、ハーバー内入港船舶に対して、潜水作業中であることを明確にするため、「潜水作業中」ののぼりを船舶係留桟橋の先端部に複数設置した。 　このことにより、一般船舶の侵入による潜水士との接触災害を防止することができた。
活動内容改善事項の図・写真等	 「潜水作業中」明示カラーコーン設置状況　　「潜水作業中」のぼり設置状況

項目	交通対策	番号	12
タイトル	潜水作業中の明示		
動機および改善前の状況	潜水作業を行うにおいては、海上衝突予防法により国際信号旗（A）を掲げる義務があるが、周囲の船舶から見えにくい場合がある。		
改善効果（ねらい）	国際信号旗（A）に加え、「潜水作業中」と記された標識を掲げることにより、周囲の船舶に明確にアピールすることができる。		
改善・実施事項	「潜水作業中」と記したのぼりと横型垂れ幕を制作し、作業場所に明示を行った。 遠くの位置の船舶からもはっきりと確認できるようになった。		
活動内容改善事項の図・写真等			

項目	交通対策	番号	13

タイトル	前面道路幅員確保とゲート左右の視界確保により交通災害防止
動機および改善前の状況	現場進入路は住宅密集地の中にあって幅員が狭く見通しが悪い状況であり、交通災害のリスクが高い地域である。
改善効果（ねらい）	ゲートを現場敷地側に後退することにより幅員が確保され通行車両の衝突防止となり、カーブミラーを設置することによりゲート左右視界が確保されて通行状況が把握でき車両および歩行者との交通災害対策になる。
改善・実施事項	ゲートを現場敷地側に後退して設置し両側にカーブミラーを設置。
活動内容改善事項の図・写真等	

項目	交通対策	番号	14

タイトル	第三者の侵入と車両損傷防止のためのクッションドラムの設置
動機および改善前の状況	施工区域への第三者の侵入防止として単管バリケードを設置し、強風時のバリケード転倒および転倒時の駐車自動車損傷を低減・防止する必要があった。
改善効果（ねらい）	単管バリケードとクッションドラムを設置することで、第三者の施工区域への侵入および単管バリケードの飛散による一般車両への損傷等を低減・防止する。
改善・実施事項	施工区域への第三者の侵入防止として単管バリケードを設置した。さらに強風時の単管バリケード転倒および転倒時の駐車一般車両損傷防止を目的に、その民地側にクッションドラムを設置した。このことにより単管バリケードの転倒はなく、駐車一般車両への損傷も防止することができた。
活動内容改善事項の図・写真等	

交通対策

項目	交通対策	番号	15
タイトル	片側交互通行規制帯における仮停止線保安帯の工夫		

動機および改善前の状況	路上作業において、片側交互通行規制を行う際、作業帯を設置していない車線の車両を止めるために、通常は路側に仮停止線の看板を設置し、交通誘導員を配置している。 　しかし、看板だけでは停止位置が明確ではなく、また交通誘導員が通行車両に接触する恐れがあった。
改善効果（ねらい）	作業帯を設置していない車線の車両を確実に停止させ、かつ交通誘導員の安全を確保するため、仮停止線の保安帯を工夫した。
改善・実施事項	作業帯を設置していない車線の停止位置に道路を閉鎖する形でサインライト、およびクッションドラムを設置、交通誘導員はクッションドラムの間で誘導を行う。 　作業帯がなくとも、仮停止位置に保安帯が設置されているため、通行車両を確実に停止させることができる。
活動内容改善事項の図・写真等	

項目	交通対策	番号	16
タイトル	急カーブによる交通災害および騒音災害の防止		
動機および改善前の状況	施工ヤード確保のため、国道を仮橋にて、迂回させる計画であったが、道路線形が、見通しの悪い急カーブとなり、交通災害の発生が懸念された。 　また、約3年間迂回路として供用するため、覆工板のなじみによる隙間の発生、ガタつき音による近隣住民への騒音被害を及ぼすことが懸念された。		
改善効果（ねらい）	対策を実施することにより、以下の効果が期待できる。 1. 急ブレーキをした際に、スリップを防止し、制動距離を短くすることができる 2. 覆工板の隙間やガタつきをなくし、騒音の発生を防止する 3. カーブ進入時に対向車を視認できる 4. 昼夜問わず、遠くからカーブを確認できる 5. 運転手への注意喚起を促すことができる		
改善・実施事項	1. 急カーブ手前の覆工板に、滑止め加工タイプを採用 2. 民家に近い区間および勾配区間に、締結式覆工板を採用 3. カーブミラーを設置 4. カーブ区間のガードレールおよび落石防止ネットにピカピカチューブを設置（夜間自動点灯） 5. カーブ区間の仮囲いに、注意喚起の看板を設置		
活動内容 改善事項の 図・写真等			

項目	交通対策	番号	17
タイトル	歩行者と自転車との接触防止		
動機および改善前の状況	工事用仮囲いを敷地いっぱいに取り付けたが、道路境界角部において左右前方が見えづらい状況になり、歩行者と自転車の接触事故が想定されたため（工事着工前はフェンスが設置されていた）。		
改善効果（ねらい）	歩行者と自転車との接触防止。		
改善・実施事項	工事用仮囲いを敷地側にセットバックした。		
活動内容改善事項の図・写真等			

改善前

改善後

項目	交通対策	番号	18

タイトル	近隣道路　工事関係車両交通事故の防止

動機および改善前の状況	現場が一般住宅街に隣接しているため、工事用車両進入路として、一般道を共有している。特に、幅員が狭く８％勾配でＣ－ＢＯＸを抜け視界が悪い部分がある。

改善効果（ねらい）	Ｔ字路、Ｃ－ＢＯＸ前後に交通誘導員を配置することにより、通学路、バス通路での交通事故防止および一般者優先での誘導で交差をスムーズに出来るようになった。

改善・実施事項	工事車両20キロ制限、道路清掃、交通誘導員４名配置。

活動内容改善事項の図・写真等	

交通対策

項目	交通対策	番号	19
タイトル	搬出入車両誘導時における歩行者等の交通事故防止		
動機および改善前の状況	繁華街にある作業所では、搬出入車両誘導時に歩道の歩行者や自転車を制止することが難しく、警備員が手で制止しても、すり抜けて通ろうとすることもあり、車両との接触等、交通事故発生の危険があった。また、車両の出入りがスムーズに行えず前面道路の渋滞の原因ともなり、夜間には、飲酒後の歩行者とのトラブルを回避することも必要であった。		
改善効果（ねらい）	警備員が手で制止する方法から、搬出入車両の誘導時はゲート前の歩道左右をジャバラゲートを使用して歩行者や自転車の通行を遮断することで、交通事故防止とスムーズな車両誘導を行いたい。		
改善・実施事項	歩行者や自転車が搬出入車両誘導時にすり抜けることが無くなり、車両誘導が安全で、かつスムーズに出来るようになった。結果的に車両誘導に要する時間の短縮も図られ歩行者等の待ち時間も短縮することが出来た。		
活動内容改善事項の図・写真等			

項目	交通対策	番号	20

タイトル	第三者車両と工事搬入出車両との交通事故防止対策
動機および改善前の状況	工事現場へのアクセス方法は、第三者車両が多く通る町道を通るしかないのだが、その道には幅員の狭い箇所・見通しの悪い箇所が数箇所ある。また、地元では近接する敷地でイベントが定期的に開催され、一時的に車両が増加することが懸念されていた。 　工事期間中は多数の大型車両が現場へ出入りする工程となっており、第三者車両と工事搬入出車両との交通事故を防止することが重要課題と考えられた。
改善効果（ねらい）	①交通誘導員を適宜配置することで、交通事故防止を図った。 ②工事搬入出車両の運転手へ、現場経路図と併せて、運行ルールを周知徹底することで、第三者車両優先の安全運転を心がけるよう図った。
改善・実施事項	①交通誘導員を、見通しの悪い現場出入口に常時配置することで、出入り時の接触を防止した。また、地元イベント開催期間は、交通誘導員を増員配置することで、幅員の狭い箇所・見通しの悪い箇所での接触を防止した。 ②工事搬入出車両の業者へ、事前に運行ルール（経路・制限速度・注意ポイントなど）を記載した資料を配布し、運転手への周知徹底を指導した。
活動内容改善事項の図・写真等	①交通誘導員配置状況 写真①－1 現場出入口（常時配置）　写真①－2 見通し不良箇所（増員配置） ②運行ルール資料

項目	交通対策	番号	21

タイトル	近隣に対する工事予告の工夫
動機および改善前の状況	当該工事は、大型車両がすれ違えない狭隘道路を抜けた先に現場があるため、コンクリート打設など一定数以上の大型車両を通行させる場合には、一時停止などの交通規制を行う必要があり、近隣に迷惑をかけていた。 　交通規制をする際は、事前に自治会や周辺の学校に通知し、現場周辺に掲示をしていたが、道路を利用するすべての人に認識してもらうことが難しく、交通規制当日にクレームが発生していた。
改善効果（ねらい）	道路を利用する方に、交通規制の実施予定を確実に認識してもらう。
改善・実施事項	現場周辺および狭隘道路沿道に、工事のお知らせを記載したのぼりを一週間前から設置し、道路を利用する方に、交通規制の予定を認識してもらうこととした。のぼりによる目立つ告知によって、通行者の認知度が高まりクレームが減少した。
活動内容改善事項の図・写真等	

項目	交通対策	番号	22
タイトル	工事用車両および工事関係者の工事占用への出入りの制限		
動機および改善前の状況	一般歩行者の通行する歩道を横断した工事用車両出入口、工事関係者が歩道から占用内へ出入りする範囲があり一般歩行者との接触事故などが懸念された。		
改善効果（ねらい）	工事用車両の出入口には音声案内付の回転灯を設置し、一般歩行者への注意喚起を図っている。また、工事関係者は扉付のガードフェンスを単管バリケードに設置し、どこからでも出入りをさせないようにした。		
改善・実施事項	現在、接触事故は発生していない。		
活動内容改善事項の図・写真等			

交通対策

項目	交通対策	番号	23
タイトル	注意喚起看板の設置による交通事故の防止		

動機および 改善前の状況	工事範囲は急勾配（5.5％）の道路および歩道部分であり、特に歩道を走る自転車の速度が速く危険な状況であった。また、交差点手前でカーブもあり見通しが悪い状況であった。
改善効果 （ねらい）	工事占用により車線にカーブを設けたり、歩道幅を縮小したため、さらに危険な状況となった。各所に注意喚起用の看板等を設置し、交通事故の防止を図った。
改善・実施事項	現在、工事占用による車線規制部における交通事故は発生していない。
活動内容 改善事項の 図・写真等	

項目	交通対策	番号	24
タイトル	ゲート前横断部分の交通事故の防止		

動機および 改善前の状況	当作業所の前面道路において、作業所の敷地は仮囲いを道路境界いっぱいに設置しており、徒歩での作業所への出入りには道路を横断して向かい側の歩道を利用している。そのため、横断時の交通事故が懸念された。
改善効果 （ねらい）	向かい側の歩道へ渡る作業員へは、横断場所を指定し、急な飛び出しによる事故を防ぐ。
改善・実施事項	横断できる場所を決め、仮設スタンドを設置し、入場者全員に周知している。
活動内容 改善事項の 図・写真等	

交通対策

95

項目	交通対策	番号	25
タイトル	近隣車両入出庫時の視界確保		
動機および改善前の状況	現場は狭小地での建設計画で、現場仮囲の万能鋼板 H=3m があると隣家の車庫から出入りする際、運転者の視界を遮り歩行者との接触事故が懸念された。		
改善効果（ねらい）	隣家の車庫から出入りする際の視界確保。		
改善・実施事項	隣家に面する箇所の仮囲いを透明板にし、視線上のキャスターゲートのパネルを一部外し見通しを良くした。結果として作業所からの見通しも良くなった。		
活動内容改善事項の図・写真等			

項目	交通対策	番号	26
タイトル	現場事務所出口への左右確認看板設置による交通事故の防止		
動機および改善前の状況	当作業所は、工事現場と事務所および駐車場の間に一般道路があり、幹線道路の抜け道となっていて、比較的交通量が多く、通勤車両の入出時や作業員の横断時の交通事故が懸念された。		
改善効果（ねらい）	道路に出る前に一旦停止で左右の安全を確認し、横断時の交通災害を防止する。		
改善・実施事項	標識を横断者や車の運転者の目線に入りやすい位置に設置し、左右の安全を確認してから横断するようになった。		
活動内容改善事項の図・写真等	 手前に工事事務所と駐車場		

交通対策

項目	交通対策	番号	27
タイトル	第三者接触事故の防止		

動機および改善前の状況	本工事は総合病院の改修工事で、病院を開業しながらの工事である。 　工事エリアとの境界には仮設間仕切を設置し、出入り口は内開きの扉とし、工事エリアから出る際は注意する様、新規入場者教育にて周知していたが、守れない人もおり、対応が必要となった。
改善効果 （ねらい）	工事エリアから出る際、左右の確認を促す。
改善・実施事項	扉の目線の高さに注意看板を設置した。 　各作業員が、しっかりと左右を確認して外に出るようになり、第三者との接触事故防止に効果があった。
活動内容 改善事項の 図・写真等	 工事エリア側 外側

項目	交通対策	番号	28
タイトル	出入口の視界確保による第三者事故の防止		
動機および改善前の状況	仮囲いが目隠しとなって左右がよく見えない状況となり、現場から出る車両と第三者との接触を防ぐため、現場出入口廻りの視認性を良くする必要性があった。		
改善効果（ねらい）	現場を出る車両から、周辺道路や歩道の視認性を確保する。また第三者からも現場出入口の状況を確認しやすいようにする。		
改善・実施事項	ゲート左右にクリアパネル15枚（約7.5m）を設置した。		
活動内容改善事項の図・写真等			

項目	交通対策	番号	29
タイトル	交差点の死角解消による交通事故・接触事故の防止		
動機および改善前の状況	地域住民の方から、交差点が鋭角になっているところに、工事用の仮囲いが敷地いっぱいに取り付けられているため、見えにくいとのご意見が寄せられた。		
改善効果（ねらい）	死角の解消と外構工事の一部を同時に行うことにより、交通事故や歩行者同士の接触事故が防止でき、近隣からの要望以上の形で応えることができた。		
改善・実施事項	通常であればコーナー部分の仮囲いをクリアパネルにするところを、先行して外構の一部の工事を行い、仮に植物を植えることにした。		
活動内容改善事項の図・写真等	施工前　　　　　　　　　　施工後 拡大写真		

項目	交通対策	番号	30

タイトル	万能板を敷地境界からセットバックしての通行人・一般車両との接触防止対策

動機および改善前の状況	工事現場の敷地境界に万能板を設置すると通行人や一般車両が通りにくかったり、工事関係車両は大きく見通しが悪いため、万能板の設置位置を可能な限り現場敷地の内側に寄せて設置をする。

改善効果（ねらい）	通行人、一般車両の見通しをよくすることで恐怖感、圧迫感を与えない工事現場にする。また、工事関係車両の出入りを容易にすることで、安全な車両出入りを可能にする。

改善・実施事項	可能な限り内側に設置することで、離合や、材料配達の車はセットバックした部分に車両を止めることも可能になり、ゲートからの車両の出入りがしやすくなる。

活動内容改善事項の図・写真等	 実施例

交通対策

101

項目	交通対策	番号	31
タイトル	仮囲いコーナー部の歩行者視認性の向上		
動機および改善前の状況	仮囲いコーナー部では、自転車や歩行者とのすれ違い時に接触事故を起こす可能性があった。		
改善効果（ねらい）	仮囲いコーナー部の歩行者視認性の向上。		
改善・実施事項	仮囲いコーナー部の隅切りおよびクリアパネル使用により、歩行者同士・自転車等の接触事故防止を行った。		
活動内容改善事項の図・写真等	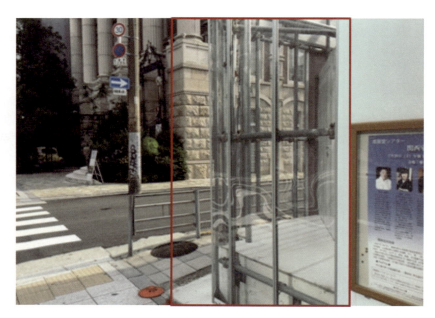		

項目	交通対策	番号	32
タイトル	搬出車両による交通災害防止		
動機および改善前の状況	ダンプトラックや大型トラックなどには死角が多く、第三者交通災害の恐れがある。		
改善効果（ねらい）	仮囲いゲートを出る前に運転手に交通災害防止の気付きを与える。		
改善・実施事項	仮囲いゲートの裏側に「歩行者に注意」「一時停止」「左右確認」のキーワードを表示した。		
活動内容 改善事項の 図・写真等			

項目	交通対策	番号	33
タイトル	道路占用により歩行者通行帯確保のための歩道拡張		
動機および改善前の状況	建屋増築工事が敷地いっぱいの設計のため、仮設足場を敷設するのに、道路占用申請をして施工計画をする段階で第三者歩行者の有効幅が確保出来ない状況であった。		
改善効果（ねらい）	第三者歩道通行幅確保のため。		
改善・実施事項	施工中は、植栽帯をアスファルト舗装し、歩道幅を 1,500 mm 以上確保できた。施工後は、植栽に復旧した。		
活動内容改善事項の図・写真等			

施工中

施工後復旧

仮囲い設置箇所

項目	交通対策	番号	34

タイトル	現場乗り入れ歩道部養生鉄板の滑り止め対策改善

動機および改善前の状況	現場乗り入れ部の歩道部に養生鉄板を敷く仕様が多くある。歩行者、通行車に対するすべり止め対策としては、塩ビシート、チェッカープレート、錆止め塗装に硅砂をまく等するが、めくれ、はがれ等発生して歩道の歩行者の転倒リスクがある。
改善効果（ねらい）	歩道部に、はがれないすべり止め対策を行う。
改善・実施事項	歩道部の養生鉄板上に弾性塗床ノンスリップ工法を採用し、鉄板上のすべり対策、はがれ対策としたことで、はがれ等のメンテナンスも少なくて済んだ。また、美観も向上した。
活動内容改善事項の図・写真等	歩道部敷き鉄板上のすべり止め対策に弾性ノンスリップ塗床実施。黄色部が塗床実施範囲

交通対策

105

地 域 貢 献

項目	地域貢献	番号	1
タイトル	横断歩道前の事業敷地を歩道の一部として提供		
動機および改善前の状況	工事エリアを南北に寸断する、吉祥寺通りは交通量が多く、従来の歩道では幅員が狭い。そのため、信号待ちの人がいる場合、通行者が車道にはみ出るようなケースもあり、交通事故にもつながる状態であった。		
改善効果（ねらい）	横断歩道での信号待ちの人がいる場合でも、車道にはみ出ることなく通行ができるようにする。		
改善・実施事項	横断歩道前の事業用地を歩道の一部として提供し、歩道の幅員を元の2倍程度に拡張した。また、提供用地もアスファルト舗装をし、段差が生じないようにした。		
活動内容改善事項の図・写真等			

項目	地域貢献	番号	2
タイトル	防犯カメラの設置		

動機および 改善前の状況	当工事には一般道の切り回しがあり、道路の切り替え後一般利用者の交通が、スムーズに通行されていることを確認する必要があった。また、道路切り替え後の一般道は、夜間人通りが少なく、また、街路灯はあるものの薄暗いため、防犯面でも対応が必要と考えられていた。
改善効果 （ねらい）	防犯カメラを設置し、設置されていることを仮囲い等に明示してアピールすることにより、防犯効果を得られている。
改善・実施事項	施工状況の把握や、場内の工事用車両の管理等で使用していたWebカメラを増設し、切り回し後の一般道沿いに設置した。
活動内容 改善事項の 図・写真等	

地域貢献

項目	地域貢献	番号	3
タイトル	歩行者・車いす通行者の転倒防止と利便性の向上		
動機および改善前の状況	本工事は高齢者入居施設の増築工事であった。工事期間中は施工区域周辺を入居者が通行することが予想された。 　施工区域周辺の歩行者の転倒事故の低減・防止のために、歩道養生用の敷き鉄板をノンスリップタイプのものにすることを計画した。さらに、車いす入居者の通行のために通路に簡易舗装を施すことを計画した。		
改善効果（ねらい）	ノンスリップタイプの敷鉄板を敷設し、通路に簡易舗装を施すことで、歩行者・車いす通行者の転倒事故の低減・防止と利便性の向上を図る。		
改善・実施事項	施工区域周辺の歩行者の転倒事故の低減・防止のために、歩道養生用の敷き鉄板をノンスリップタイプのものにするとともに、車いす入居者の利便性向上のために通路に簡易舗装を実施した。 　このことにより、車いすも含めた歩行者の通行の快適性が向上した。		
活動内容改善事項の図・写真等			

項目	地域貢献	番号	4
タイトル	駅前をきれいにし隊活動		
動機および 改善前の状況	駅前の敷地であり、通行人が多いため、現場への関心も高い。仮囲いに作業工程を掲示するだけでなく、より親しみやすく興味を引く現場にしたいと考えた。仮囲いが第三者からどう見られているのかを、現場関係者の目でも確認する必要があると考えた。		
改善効果 （ねらい）	仮囲いの状況確認を行うとともに周辺の清掃活動も行うことで、環境美化も併せて行えるようにした。		
改善・実施事項	環境美化にも寄与できるとともに、仮囲い部の異変や汚れにもすぐに気付くことができ、迅速な対応が可能となった。また、近隣住民との声かけコミュニケーションも生まれた。		
活動内容 改善事項の 図・写真等			

項目	地域貢献	番号	5
タイトル	LED 街灯設置		
動機および 改善前の状況	工事エリアの沿道が暗かった。		
改善効果 （ねらい）	LED 街灯（ソーラー）を設置した。		
改善・実施事項	地域住民の工事に対する好感度が上がった。		
活動内容 改善事項の 図・写真等			

項目	地域貢献	番号	6
タイトル	ウェブカメラによる第三者災害の防止		
動機および改善前の状況	工事用の足場付仮囲い（道路側２面）は、建物と敷地の位置関係から一部歩道を占用許可の上設置されているため、歩道部分が減幅され、歩行者と自転車等が接触する恐れがある。また、誘導員は適宜配置されているが、現場への搬出入口が２箇所あり、朝夕繁忙時の歩行者、自転車と工事車両との接触事故も懸念される。 　現場事務所が遠隔のため、現場仮囲い（２面）付近の安全管理の維持および第三者災害防止向上の観点から、ウェブカメラを設置した。		
改善効果（ねらい）	現場事務所でもリアルタイムに映像確認ができ、未然に第三者災害防止に役立つこと。万一災害が発生した場合、速やかに初期対応ができ映像が録画されているので、後日事象の確認ができる。		
改善・実施事項	視界（360度程度）のカメラを仮囲いコーナー上部からブラケット状に跳ね出し、２方向の歩道の状況を現場事務所から随時確認できるように設置した。		
活動内容改善事項の図・写真等	 カメラ映像 　※ カメラ設置の可否については、周囲の状況、第三者に及ぼす影響等を勘案のうえ、慎重にご検討下さい。		

項目	地域貢献	番号	7
タイトル	路上駐車車両による現場出入口の確保・改善		

動機および改善前の状況	現場の仮囲い沿いに、近辺の企業の車両が路上駐車を大量にしている状況となっていた。そのため工事用車両は、出入りが困難となり、出入り時には車両の移動をお願いしなくてはならない状況となっていたため、出入りを行うのに待ちが発生していた。
改善効果（ねらい）	資材ヤードを駐車場として整備し、路上駐車している車両の持ち主に提供することで現場の仮囲い沿いの路上駐車の車を削減した。
改善・実施事項	現場周辺での接触事故の削減と作業効率の向上。
活動内容改善事項の図・写真等	改善前 改善後

項目	地域貢献	番号	8
タイトル	花壇設置		

動機および 改善前の状況	現場の南東角は道路の交差点であり、事故防止のため、見通しを確保する隅切りが必要であった。
改善効果 （ねらい）	現場仮囲いの一角に花壇を設置することで通行する地域住民が癒される空間となることが期待できる。
改善・実施事項	見通しが良くなるように隅切りを設け、花壇を設置した。
活動内容 改善事項の 図・写真等	

地域貢献

113

項目	地域貢献	番号	9
タイトル	歩行者用通路の整備		

動機および改善前の状況	工事の計画として工事区域内に歩行者通路（近隣小学校の通学路）があり、仮設の鋼製覆工板上（現状はコンクリート舗装）への切り回しとなっていた。 　小学生の通学路となるので、なるべく綺麗で安全な通路としたいと考えていた。
改善効果（ねらい）	工事場所に近接して大きな集合住宅が林立しており、工事は昼勤のみならず夜勤作業もあるため周辺住民の協力が欠かせない。多くの小学生が現場仮設通路を利用することが予想されるため、現場のイメージ向上となると考えた。
改善・実施事項	仮設通学路となる鋼製覆工板の表面に人工芝を敷設し、単管手摺部分には木製のラティスフェンスを設置し景観および安全性を向上させた。
活動内容改善事項の図・写真等	

木製ラティスフェンス設置

人工芝敷設

項目	地域貢献	番号	10
タイトル	路面清掃		

動機および 改善前の状況	盛土工事に伴い土砂を積んだダンプトラックが周辺の市道を走行するため、路面の汚れや粉じんの発生によって地元住民からの苦情の恐れがあった。
改善効果 （ねらい）	路面清掃と粉じん発生の抑制が期待できる。
改善・実施事項	土運搬時に散水車による路面の清掃を実施している。
活動内容 改善事項の 図・写真等	

地域貢献

115

その他

項目	その他	番号	1

タイトル	タワー式クローラクレーン管理規定

動機および 改善前の状況	これからの建設現場は今まで以上に大型化、高層化が進み、また技能労働者等の労務不足に伴い、効率化、省力化工法が推進され生産性を上げるために、益々機械化が図られる。またその機械そのものも大型化してくる。機械化によってトータルの災害件数は減少するかもしれないが、逆に機械化による事故、災害件数は増加し、事故災害そのものが公衆を巻き込んだ重大なものにつながりかねない。 　今日の現場では、ほとんどの現場でクレーンや建設機械が導入されているが、毎年クレーンや建設機械による重大事故災害が後を絶たない。現在のクレーンや建設機械はハイテク化されているが、ハイテク化に対する過信等から問題が発生している。 ※ 機械の故障・オペの緊張感の欠如によるヒューマンエラー

改善効果 （ねらい）	安全確保の基本はあくまでも人間であり、ハイテク化されたクレーンや建設機械を正しく操作する人達の安全意識や状況に応じて臨機応変に対応できる管理規定を策定し事故災害防止につなげる。

改善・実施事項	ここではタワー式クローラクレーンに絞って紹介する。 　予想される災害：「ハイテク化された機械の故障による事故」災害の防止

活動内容 改善事項の 図・写真等	タワー式クローラークレーン管理規定を簡単にポスターにまとめたもの アクリル板に印刷して、朝礼広場、作業場所に掲示しています。

項目	その他	番号	2
タイトル	施工区域内に存在する外灯用架空線の切り回し		
動機および改善前の状況	本工事では、係船柱やフェンスを設置する区域に外灯用架空線（H=3m）が存在していた。バックホウや小型クレーン作業での架空線の切断を防止するための対策が必要であった。		
改善効果（ねらい）	外灯用架空線を切り回し地上線とすることで、バックホウや小型クレーン作業での架空線の切断を未然に防止する。		
改善・実施事項	施工区域内に存在する外灯用架空線（H＝3m）を切り回し、地上線とすることで、バックホウや小型クレーン作業での架空線の切断を未然に防止することができた。なお、作業完了後は切り回し前の状態に復旧した。		
活動内容改善事項の図・写真等			

117

項目	その他	番号	3
タイトル	施設内工事での第三者の安全確保と騒音・粉塵の低減		
動機および改善前の状況	本工事は稼働中の病院施設の改修工事であるため、工事に対する病院職員の隔離を行う必要があった。 　そのために、施工区域と通路との区画に、石膏ボードおよび木製建具を取り付けた仮設間仕切りを設置するとともに、仮設間仕切り周囲には施工区域側にグラスウールを取り付け、外周をテープにて目貼りすることを計画した。		
改善効果（ねらい）	仮設間仕切りを設置することで、施工区域と病院職員との隔離を保つとともに、病室に漏れる騒音と粉塵を低減する。		
改善・実施事項	施工区域と通路との区画に石膏ボード並びに木製建具を取り付けた仮設間仕切りを設置し、第三者である病院職員との隔離を保った。 　さらに、仮設間仕切り周囲には施工区域側にグラスウールを取り付け、外周をテープにて目貼りを行うことにより、同フロアの病室に漏れる騒音と粉塵を低減した。		
活動内容 改善事項の 図・写真等	 仮設間仕切り　通路側　石膏ボードと木製建具を取り付け 仮設間仕切り　施工区域側　グラスウールとテープを貼付け		

項目	その他	番号	4

タイトル	若手社員向け公衆災害防止用教育資料
動機および改善前の状況	若手社員の多くは、埋設物や架空線に対する損傷防止対策の重要性やその手順に関する知識が乏しいため、その危険性と重大性を認知していない。
改善効果（ねらい）	対策の基本事項を、一見してわかるようにリーフレットに取りまとめ、安全担当が現場に出向いた際に若手を中心に教育し、事前に対策が出来る社員を養成する。
改善・実施事項	埋設物・架空線の対策における『３段階の対策』として重要な「①調査」「②見える化」「③防護・監視」を取り上げ、それぞれの具体例を挙げたうえで、フロー図化し、本工事前にどのような手順で３段階を実施するかをわかりやすく資料整理し、教育資料としている。
活動内容改善事項の図・写真等	

その他

項目	その他	番号	5
タイトル	公衆災害チェックシートの活用と期中巡回によるフォロー			
動機および改善前の状況	今まで公衆災害防止に対する事前チェックリストは活用していたが、工事期間中に十分なフォローができていなかった。			
改善効果（ねらい）	公衆災害リスクの発生時期を予想した期中巡回日を事前に定め、工事中の公衆災害防止施策の実施状況を内勤部署等の第三者の目で確認し確実なフォローを行うこととした。			
改善・実施事項	公衆災害チェックシートを活用し、内勤部署等の第三者の目で実施状況を確認し、確実なフォローを行った。			
活動内容改善事項の図・写真等	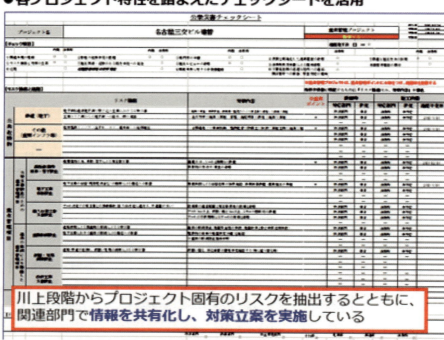 **公衆災害チェックシートの活用** ●各プロジェクト特性を踏まえたチェックシートを活用 川上段階からプロジェクト固有のリスクを抽出するとともに、関連部門で情報を共有化し、対策立案を実施している **重点管理ＰＪの期中巡回の実施** 抽出したリスクに対して、適切な対応ができているかを期中巡回を計画的に行い、現地現物で確認指導している。 公衆災害パトロールベスト着用  			

項目	その他	番号	6
タイトル	協力会社の作業員への公衆災害に対する指導・教育		
動機および改善前の状況	実際作業をしている協力会社の二次・三次の協力会社作業員は、公衆災害に対するリスクや重要性を理解していない。また、そもそもどのようなことが公衆災害なのかも理解していない人がいる。		
改善効果（ねらい）	協力会社作業員の公衆災害リスクの周知。		
改善・実施事項	協力会社事業主に対し各職種ごとの分科会で公衆災害のリスク・重要性の周知会を実施し、公衆災害に関する分かりやすいパンフレットを作成して各一次協力会社から協力会社作業員に対して教育する活動を実施。		
活動内容 改善事項の 図・写真等			

項目	その他	番号	7
タイトル	排水処理設備の整備（リチャージウェル）		
動機および改善前の状況	地表面近くに粘性の高い不透水層があり、降雨後の水はけが悪いため、掘削・基礎躯体作業に支障をきたす恐れがあった。また、雨水を放流するには、濁度が逸脱するリスクがあった。		
改善効果（ねらい）	雨水等の乱していない水を、ＰＨ・濁度・イオン濃度を計測しながらリチャージウェルに浸透処理させることにより、排水処理する。		
改善・実施事項	地表より 20 ｍまでのリチャージウェルを設け、不透水層を貫通することにより地中へ浸透処理ができている。		
活動内容改善事項の図・写真等			

122

公衆災害防止対策有効事例集

令和元年 10 月 17 日　　初　版

編　者　建設労務安全研究会

発行所　株式会社労働新聞社

　　　　〒 173-0022　東京都板橋区仲町 29-9

　　　　TEL：03-3956-3151　FAX：03-3956-1611

　　　　https://www.rodo.co.jp/　Email：pub@rodo.co.jp

表　　紙　尾﨑 篤史（株式会社ワード）

印　　刷　アベイズム印刷株式会社

ISBN978-4-89761-783-1　C2036

乱丁本・落丁本はお取替えいたします。
本書の一部あるいは全部について、著作者から文書による承諾を得ずにいかなる方法においても無断で転載・複写・複製することは固く禁じられています。

私たちは、働くルールに関する情報を発信し、経済社会の発展と豊かな職業生活の実現に貢献します。

労働新聞社の定期刊行物・書籍の御案内

人事・労務・経営、安全衛生の情報発信で時代をリードする

「産業界で何が起こっているか？」労働に関する知識取得にベストの参考資料が収載されています。

週刊　労働新聞

※タブロイド判・16ページ
※月4回発行
※年間購読料　42,000円+税

- 安全衛生関係も含む労働行政・労使の最新の動向を迅速に報道
- 労働諸法規の実務解説を掲載
- 個別企業の労務諸制度や改善事例を紹介
- 職場に役立つ最新労働判例を掲載
- 読者から直接寄せられる法律相談のページを設定

安全・衛生・教育・保険の総合実務誌

安全スタッフ

※B5判・58ページ
※月2回（毎月1日・15日発行）
※年間購読料　42,000円+税

- 法律・規則の改正、行政の指導方針、研究活動、業界団体の動きなどをニュースとしていち早く報道
- 毎号の特集では、他誌では得られない企業の活動事例を編集部取材で掲載するほか、災害防止のノウハウ、法律解説、各種指針・研究報告など実務に欠かせない情報を提供
- 「実務相談室」では読者から寄せられた質問（安全・衛生、人事・労務全般、社会・労働保険、交通事故等に関するお問い合わせ）に担当者が直接お答え
- デジタル版で、過去の記事を項目別に検索可能・データベースとしての機能を搭載

事故災害を防ぐための
基本心得・基礎知識　製造版

製造業に携わる人たちが、ケガをせず、健康を損なうこともなく働くために心得ておくべきこと、知っておいてもらいたい知識のポイントを、イラストをふんだんに使用し、わかりやすくまとめました。

【書籍】
※A5判・94ページ
※本体価格　571円+税

上記の定期刊行物のほか、「出版物」も多数
労働新聞社　ホームページ　https://www.rodo.co.jp/

労働新聞社

〒173-0022 東京都板橋区仲町29-9　TEL 03-3956-3151　FAX 03-3956-1611